Die
Schwebelaryngoskopie

und

ihre praktische Verwertung

Von

Geh. Med.-Rat Prof. Dr.

Gustav Killian

Direktor der laryngo-rhinologischen Klinik
der Universität Berlin

Mit 44 Textabbildungen und 4 mehrfarbigen Tafeln

URBAN & SCHWARZENBERG

Berlin N 24
Friedrichstr. 105 B

1920

Wien I
Maximilianstr. 4

Killian
Schwebelaryngoskopie

Vorwort.

Vor dem Krieg stand die Schwebelaryngoskopie im Mittelpunkt des laryngologischen Interesses.

Nach der jahrelangen Unterbrechung unserer wissenschaftlichen Arbeit schien
es mir daher erwünscht, an die früheren Erfahrungen anzuknüpfen und die unterdessen erworbenen Kenntnisse mit der ziemlich umfangreichen, weitzerstreuten
Literatur zusammen zu einem einheitlichen Ganzen zu verarbeiten. Unser
wesentlich verbessertes Instrumentarium und seine Anwendung bedurfte ohnehin
einer eingehenden Beschreibung.

Um möglichst anschaulich zu wirken, nahm ich eine große Zahl von Bildern
zu Hilfe, und bin dem Herrn Verleger zum Dank verpflichtet, daß er mir in
Anbetracht der Zeitverhältnisse hierin keine Beschränkung auferlegte.

Möge die kleine Schrift der Schwebelaryngoskopie recht viel Freunde er-
werben.

Berlin, Ende 1919.

Gustav Killian.

Inhaltsverzeichnis.

———

———

I. Historisches.

Im Jahre 1864 hat *Tobold,* der bekannte Berliner Laryngologe, zufällig zum erstenmal *ohne* Spiegel das Innere des menschlichen Kehlkopfes erblickt.

Es handelte sich um eine Sängerin, welche durch Papillome heiser geworden war. „Die Patientin wußte ihre allerdings sehr dünne Zunge derartig nach vorn zu drängen, und gleichzeitig gegen die untere Reihe der Schneidezähne zu drücken, daß sofort bei Rücklegung des Kopfes und einfallendem Reflexlichte die Aryknorpel, Stimmbänder und Papillome, sowie Öffnen und Schließen der Stimmbänder deutlich sichtbar wurden." (Vgl. *Tobold,* Laryngoskopie und Kehlkopfkrankheiten, 3. Aufl. S. 43.)

Tobold hat diese überaus wertvolle Beobachtung leider nicht wissenschaftlich ausgebeutet. Er war zu sehr von dem allumfassenden Wert des Kehlkopfspiegels überzeugt.

Zielbewußt ging *Voltolini* in den Jahren 1865 und 1868 darauf aus, ohne Spiegel durch verstärkten Druck auf die herausgezogene Zunge mit einem knieförmigen Spatel wenigstens den ganzen Kehldeckel und den Pharynx bis zum Ösophagus einzustellen. Wurde dabei gewürgt, so konnten auch die Aryknorpel zum Vorschein kommen. Den Erfolg suchte er durch Anheben des Kehlkopfes von außen zu verbessern. Auch dachte er daran, den Kehldeckel mit einem Stäbchen nach vorn zu klappen. (Vgl. *Voltolini,* Wochenblatt der Zeitschrift der k. k. Gesellschaft der Ärzte in Wien 1865, S. 221 und Berliner Klinische Wochenschrift 1868, Nr. 23.) *Voltolini* rühmt seinem Verfahren nach, daß es besonders leicht bei Kindern und ganz alten Leuten gelinge. Er hatte sich von dem Glauben an die Unentbehrlichkeit des Kehlkopfspiegels schon so weit losgelöst, daß er von der Laryngoskopie damals gleichsam prophetisch sagen konnte: „Seit der kurzen Zeit ihrer Existenz haben jene Untersuchungsmethoden Großes geleistet, aber das Größte, was sie würden leisten können, wäre das, wenn sie sich gleichsam ihr eigenes Grab graben würden, d. h. wenn man durch sie auf Methoden verfiele, durch die es gelänge, auch ohne Kehlkopfspiegel die betreffenden Organe zu besichtigen."

Erst dreißig Jahre später kamen wir so weit, nachdem *Kirstein* am 23. April 1895 auf ösophagoskopische Weise das Innere des Kehlkopfes erblickt hatte. In voller Erkenntnis der Tragweite dieses Ereignisses beeilte er sich, seine *Autoskopie* auszubilden. Mit Wärme und Begeisterung suchte er die neue Methode bekanntzumachen und zu verbreiten. Aber es dauerte doch noch eine ganze Weile, bis sie Boden faßte. Und merkwürdigerweise, ihm selber war es nicht vergönnt, als Laryngologe und Arzt dies mitzuerleben. Seine Interessen haben sich rasch dem Gebiete der Kunst zugewandt und für die Laryngologie ging seine wertvolle Tätigkeit verloren.

Ich selber war über die *Kirsteinsche* Mitteilung im ersten Augenblick im höchsten Maße überrascht, und ich gestehe es gern, ich hatte keinen rechten Glauben daran. Aber sehr rasch bekehrte ich mich zu einer besseren Auffassung, insbesondere nachdem ich *Kirsteins* ersten Aufsatz in der Berliner Klinischen Wochenschrift gelesen und seiner Demonstration in Heidelberg im Verein süddeutscher Laryngologen beigewohnt hatte. Von diesem Augenblick an gehörte mein ganzes Denken der Sache. Täglich habe ich mich damit beschäftigt, und in jedem Krankheitsfalle, in dem es nur irgend angezeigt schien, habe ich von der direkten Methode Gebrauch gemacht. Es zeigte sich sehr rasch, daß sie einen dauernden Wert besaß und daß sie unser diagnostisches und therapeutisches Können wesentlich erweiterte, insbesondere nachdem es mir gelungen war, ihr eine Form zu geben, die sich für die allgemeine Anwendung eignete. Von da ab hat sich der *Röhrenspatel* das Feld erobert. Wir drangen mit ihm in die Luftröhre vor und zuletzt in die Bronchien, soweit als sie überhaupt dem Auge zugänglich sind. Ein großes Feld wissenschaftlicher und praktischer Tätigkeit wurde erschlossen, wovon eine außerordentlich umfangreiche Literatur Zeugnis gibt.

Man hätte nicht glauben sollen, daß noch mehr zu wünschen übrig blieb und ich selber sagte mir oft: was soll jetzt noch kommen? Ich hatte vergessen, daß es mir doch gelegentlich wünschenswert erschienen war, beim Operieren einen besseren und breiteren Zugang zum Kehlkopf zu gewinnen als durch ein den Raum beengendes Rohr hindurch.

Auch dieser Wunsch sollte erfüllt werden. Um für eine Abhandlung möglichst exakte Bilder der tieferen Luftwege zu erhalten, ließ ich im Winter 1909/10 meinen Zeichner an der Leiche arbeiten. Bei der Untersuchung am Lebenden ist meist zu wenig Zeit zum Zeichnen und Malen. So wanderten wir denn in den Seziersaal der Freiburger Anatomie. Am hängenden Kopf und bei weit auf-

gesperrtem Mund der Leiche wurde ein Spatel über Zunge und Kehldeckel eingeführt und das Gesichtsfeld mit einem elektrischen Handgriff beleuchtet. Es war
ermüdend, das Instrument so lange zu halten, bis der Zeichner zu Ende kam.

Deshalb band ich es an einem
Gestell aus Eisenstäben fest,
das ich am Seziertisch angeschraubt hatte. So entstand
die ganz neue Situation, daß
der Kopf der Leiche an einem
Zungenspatel hing. Bei pas-
sender Einstellung und maxi-
maler Erweiterung des Mundes
erhielt ich einen überraschend
klaren Überblick über die ganze
Topographie der Mundrachenhöhle, des Kehlkopfes und des
Ösophaguseinganges (Figur 1).
Ich möchte Jedem dringend
empfehlen, diese Untersuchung
an der Leiche nachzumachen.
Er wird dabei viele Einzel-
heiten kennenlernen, die ihm
bisher entgangen sind. Man
sieht die hintere Rachenwand
in ihrer ganzen Länge und
Breite, von der Uvula bis zum
Ösophagusmund. Man sieht
seitlich die großen Hörner des
Zungenbeins vorspringen. Die
hintere Fläche der Kehlkopf-

Figur 1.

Schwebelaryngoskopisches Bild bei der Leiche.
Gewonnen mit dem alten Kirsteinschen Spatel. Der
Kehldeckel wird durch den Spatel verdeckt. Unter
dem Kehlkopf sieht man den Hypopharynx und die
Gegend des Oesophagusmundes.

höhle erscheint in ihrer ganzen Ausdehnung mit einem Stück der hinteren
Trachealwand. Nur die vordere Larynxwand bleibt verdeckt.

Dies Erlebnis machte einen tiefen Eindruck auf mich und zwang mich von
neuem, über die Verbesserung der direkten Laryngoskopie nachzudenken. Ich
legte mir sofort die Frage vor, ob es möglich sei, am lebenden Menschen dasselbe zu erreichen, denn damit wären nicht allein die höheren, sondern auch die
tieferen Abschnitte des Halses und insbesondere das Kehlkopfinnere dem Auge
und der Hand in ungeahnter Weise zugänglich gemacht. Die Situation forderte

einen Vergleich mit der Tätigkeit des Gynäkologen heraus, der nach Anlegung seiner Specula mit beiden Händen in der Tiefe operativ arbeitet.

Das Gelingen der Untersuchung am Lebenden schien mir davon abhängig zu sein, daß man dieselbe Erschlaffung der Teile herbeiführte, wie bei der Leiche.

Figur 2.

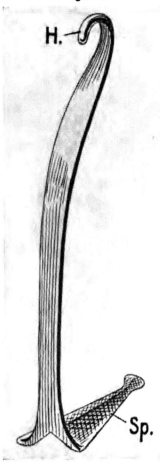

Der Schwebehaken
in seiner frühesten Form.
Aus einem Stück.
H. = Haken. Sp. = Spatel.

Dies ist nur durch eine tiefe Narkose möglich. Ich faßte daher den Entschluß, meine ersten Versuche an narkotisierten Patienten zu machen in Fällen, in welchen die Schwere der Affektion eine Betäubung rechtfertigte. Damit erschwerte ich mir aber meinen Weg, wie ich bald erkannte, wesentlich, denn Fälle, wie die gewünschten, waren doch zu selten, um mit ihrer Hilfe eine neue Methode ausarbeiten zu können. Daher kam denn der einfache Schwebehaken (Figur 2), den ich mir konstruiert hatte, zunächst nur in drei Fällen zur Anwendung: bei einem Kind mit Kehlkopfpapillomen und zwei Patienten mit Larynxtuberkulose. Ich hatte den Spatel und den Griff zum Aufhängen des Kopfes aus einem Stück arbeiten lassen und erzielte mit diesem Instrument in den genannten Fällen schon einen bemerkenswerten Erfolg. Das Kehlkopfinnere war bequem zugänglich und das Operieren wesentlich erleichtert.

Auf Grund dieser Erfahrung faßte ich den Entschluß, an zwei Patienten, welche auf die Vornahme der direkten Untersuchungen eingeübt waren, ohne Anwendung einer allgemeinen Narkose nur mit Cocain weitere Versuche anzustellen. Es stellte sich sofort heraus, daß die Untersuchung für diese beiden nicht schmerzhaft war. Sie hielten ruhig dabei aus. Jetzt konnte ich die Schwebelaryngoskopie ausführen, so oft ich wollte, und die Instrumente so umgestalten, daß sie für eine allgemeine Anwendung geeignet waren.

Anfangs schien mir dies ein leichtes Beginnen. Sehr bald stellte sich heraus, daß noch ein langer Weg zurückzulegen war. Immer wieder wurden neue Spatel und Schwebehakenformen konstruiert und versucht.

Da mein Krankenmaterial in Freiburg im Breisgau nur ein sehr beschränktes war, so muß ich es als eine besonders glückliche Fügung im Interesse der Methode betrachten, daß ich meinen Wirkungskreis nach dem größten medizinischen Zentrum in Deutschland, nach Berlin, verlegen durfte. In den 8 Jahren, in welchen ich hier tätig bin, haben meine Assistenten und ich zahlreiche Fälle

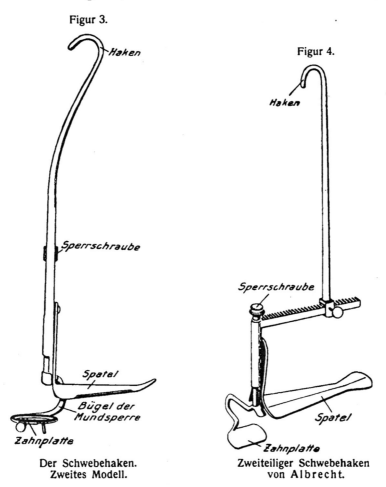

Figur 3.

Der Schwebehaken.
Zweites Modell.

Figur 4.

Zweiteiliger Schwebehaken
von Albrecht.

mit Schwebelaryngoskopie bearbeitet und mit mir vereint die Methode verbessert. Ganz besonders muß ich hier meinen Schüler *Albrecht,* zur Zeit in Tübingen, nennen.

Am meisten Schwierigkeiten bereitete der Umstand, daß der Spatel, exakt angelegt, allmählich aus dem Munde herausrutschte. Um dies zu verhindern und die Einstellung der Kehlkopfhöhle möglichst exakt zu gestalten, war es notwendig, das ursprünglich einfache Instrument komplizierter zu gestalten. Gut eingestellt, mußte der Schwebehaken in geeigneter Weise befestigt werden. Im

Anfang machte ich gleichzeitig von einer *O'Dwyerschen* Mundsperre Gebrauch. Es schien mir aber zweckmäßiger, die Aufsperrung des Mundes direkt mittelst Einrichtungen am Schwebehaken zu bewirken (Figur 3).

Ein Mangel blieb es lange Zeit, daß die vordere Commissur nicht gesehen werden konnte. Ich half mir damit, daß ich mit dem Finger von außen auf

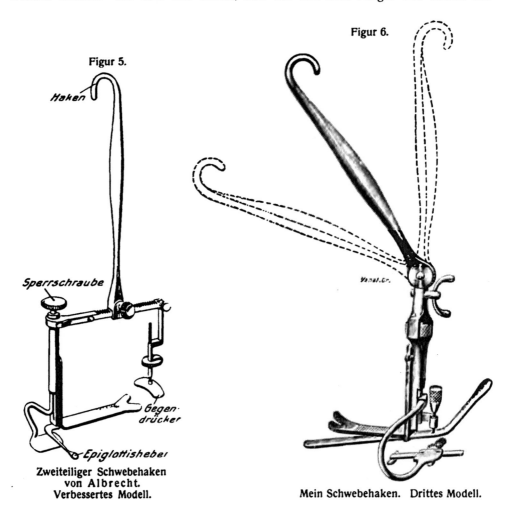

Figur 5.

Figur 6.

Haken

Sperrschraube

Gegen-drücker

Epiglottisheber

Zweiteiliger Schwebehaken
von Albrecht.
Verbessertes Modell.

Mein Schwebehaken. Drittes Modell.

den Ringknorpelbogen drückte oder diesen Druck von einem Assistenten aus-üben ließ. Um eine solche Hilfe zu ersparen, machte *Albrecht* zuerst von dem Gegendrücker Gebrauch, den mein früherer Assistent *Brünings* erfunden hatte (Figur 5). Als ich dies für zweckmäßig erkannte, habe ich den Gegendrücker, in geeigneter Weise umgestaltet, ebenfalls verwendet (Figur 11).

Die praktische Erfahrung lehrte, daß nur ein Teil der erwachsenen Patienten imstande war, mit Cocain allein oder unter Zuhilfenahme von Morphium die

Schwebelaryngoskopie zu ertragen. Bei Kindern konnte an etwas Derartiges nicht gedacht werden. Hier blieb die Narkose in ihrem Recht.

Figur 7.

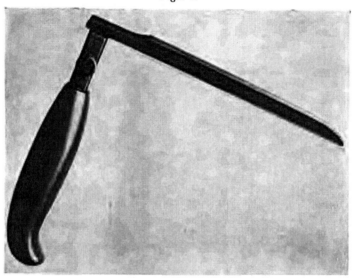

Der Rinnenspatel mit Handgriff. Altes Modell.

In den Freiburger Kliniken hatte man seit längerer Zeit mit einer gewissen Vorliebe nach dem Vorgang von *Korf* von Scopolamininjektionen Gebrauch

Figur 8.

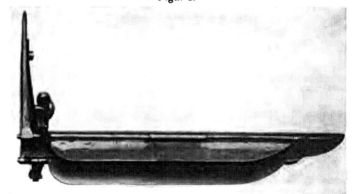

Der geflügelte Rinnenspatel.
Die beiden seitlichen Flügel sind verstellbar.

gemacht. Morphium und Scopolamin wurden den Patienten vor der Operation subcutan eingespritzt, um allgemeine Unempfindlichkeit herbeizuführen. Es gelang damit, Äther und Chloroform bis zu einem gewissen Grad entbehrlich zu machen. Die guten Erfahrungen, welche man mit Scopolamin machte, ermutigten mich, dieses Mittel auch in den Dienst der Schwebelaryngoskopie zu stellen. Wenn man mit geeigneten Dosen vorgeht, so läßt sich in der Tat beim Erwachsenen (Kindern darf man kein Scopolamin geben!) Chloroform und Äther vermeiden.

In ihren stufenweise verbesserten Formen wurde die Schwebelaryngoskopie von mir im Jahre 1911 auf dem Internationalen Laryngologenkongreß, 1912 in der Berliner Medizinischen Gesellschaft, der Gesellschaft der Charité-ärzte, der Berliner Laryngologischen Gesellschaft und auf der Versammlung des Vereins Deutscher Laryngologen in Hannover, 1913 auch auf dem Internationalen medizinischen Kongreß in London demonstriert.

Im Oktober 1913 kam auch meine Schwebebronchoskopie zum erstenmal zur Anwendung. Mittlerweile hatte sich eine ganze Reihe von Fachkollegen mit der Schwebelaryngoskopie beschäftigt und damit überaus günstige Resultate erzielt.

Figur 9.

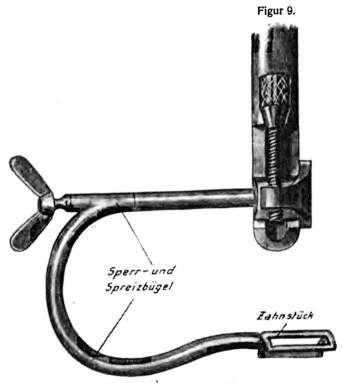

Mundsperre. Modell 1913.
Der Sperr- und Spreizbügel ist um eine horizontale Achse drehbar und mittels Flügelschraube festzustellen.

Ich nenne nur die Namen *Albrecht, Hölscher, Wolff, Brieger, Pollatschek, E. Meyer* (New York) aus dem Jahre 1912/13, *Davis, Gerber, Kämpfer, Kahler, Kleestadt, Freudenthal, Storath, Lautenschläger, Hopmann, Katzenstein, Mann, Froning, Iglauer, Steiner, Howarth, Chiari, A. Seiffert* (Breslau), *Henrich, Simoleki, Yankauer.*

Einige von ihnen, wie *Wolff, Lautenschläger, Howarth,* haben Verbesserungen am Instrumentar vorgenommen. Am meisten bemühte sich in dieser Hinsicht *Albrecht.* Er gab dem Schwebehaken eine neue Form, um den Aufhängepunkt über die Spatelspitze zu bringen und versah den Spatel mit einem Schieber zum Emporhalten des Kehldeckels[1]) (Figur 4 und 5).

---

[1]) Die später von *Albrecht* angegebene Gegendruck-Antoskopie mit Seitenstützen (Verh. d. Vereins Deutsch. Lar. Kiel 1914) rechne ich nicht hierher, da es keine Schwebemethode mehr ist.

Seiffert fand es vorteilhaft, beim Erwachsenen ohne Mundsperre und Zungenzange vorzugehen. Bei Atemstillstand in Narkose ließ sich die künstliche Atmung durchführen, ohne den Schwebehaken abzunehmen. Auch die Ösophagoskopie wandte er mit Vorteil in Schwebe an. Den Speiseröhreneingang erweiterte er mit einer besonderen Zange.

Im Jahre 1914 kam es zu einer Reihe von Änderungen und Verbesserungen (Figur 11). Um die Einstellung der vorderen Commissur der Stimmlippen unter allen

Figur 10.

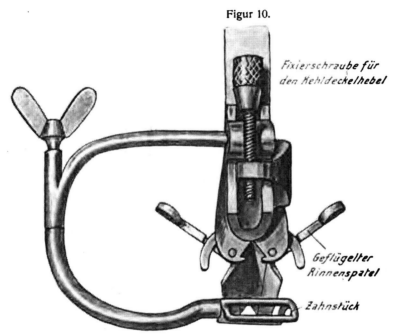

Die Mundsperre. Modell 1914.
Die untere Hälfte des Sperr- und Spreizbügels ist um eine vertikale
Achse drehbar und mittelst Flügelschraube festzustellen.

Umständen mühelos zu erreichen, griff ich auf meinen für die direkte Laryngoskopie seinerzeit angegebenen Rinnenspatel mit V-förmigem Querschnitt zurück (Figur 7) und machte seine Seitenflügel verstellbar (Figur 8). Das V konnte je nach Bedürfnis, mehr oder weniger geöffnet werden. Das Instrument hat sich sehr bald so bewährt, daß ein besonderer Kehldeckelheber überflüssig wurde.

Auch die Mundsperre erhielt eine neue Gestalt. Die Zahnstütze wurde zuerst um eine horizontale (Figur 9), später um eine vertikale Achse (Figur 10) drehbar gemacht und konnte in jeder Stellung mittelst Schraube festgestellt werden.

Dem Gegendrücker gab ich eine elegantere Form. Wir haben übrigens nicht viel von ihm Gebrauch gemacht und zumeist dem Fingerdruck den Vorzug gegeben.

2

suche erinnerte. Die Triangel konnte durch Hebelwirkung mittelst einer Schraube verstellt werden, ein sehr guter Gedanke. Die Bahn des Galgens wurde von ihm verlängert.

Den Schwebehaken von *Lynch* ließ ich mir, da er des Krieges wegen nicht bezogen werden konnte, nach Lynch's Abbildungen (Figur 12) nacharbeiten.

Meine Versuche mit diesem Instrument fielen sehr günstig aus. Die Fixation war eine ausgezeichnete. Der Spatel wurde durch Schraubenwirkung geradezu in den Hals hinuntergedrückt. In etwas verbesserter Form akzeptierte ich daher die neue Mundsperre und arbeite damit schon im dritten Jahr. Es scheint, daß jetzt endlich nach dem vielen Umkonstruieren ein Ruhepunkt erreicht ist. Die Instrumente befriedigen. Am 21. Juni 1918 habe ich in der Berliner Laryngologischen Gesellschaft über die Sachlage berichtet und die ausgereifte Art des Verfahrens demonstriert (Berliner Klinische Wochenschrift 1918, Seite 941).

Figur 12.

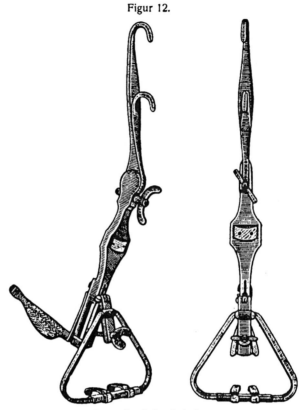

Lynchs Schwebehaken.
Der Bügel der Mundsperre hat Triangelform und wird mittelst der Spreizschraube vom Kniestück des Schwebehakens abgespreizt. Der horizontale Teil des Bügels trägt zwei verschiebbare Zahnhaken.

II. Das Instrumentarium zur Schwebelaryngoskopie in seiner jetzigen Form.

1. Der Schwebehaken.

Der Schwebehaken bestand ursprünglich aus einem Stück. Der Spatel hatte einen langen Stiel mit einem Haken am Ende (Figur 2).

Die Bedürfnisse der Praxis führten zu einer Gliederung. Wir unterscheiden jetzt am Schwebehaken drei Hauptteile:

     A. den Spatel,
     B. das Kniestück,
     C. die Mundsperre.

Der Spatel ist abnehmbar.

Das Kniestück war ursprünglich nichts weiter als der Spatelstiel. Jetzt ist dieser Stiel gegliedert. Er besitzt in der Mitte ein Gelenk, welches wir Knie nennen und einen oberen und unteren Schenkel. Diese Schenkel bezeichnen wir nach den besonderen Aufgaben, die ihnen zufallen, als Hakenschenkel und als Schraubenschenkel.

Am kompliziertesten ist die Mundsperre gestaltet. Sie besitzt eine lange, im Schraubenschenkel des Kniestücks nach oben gehende Gewindestange, ferner eine Hebelvorrichtung, die wir Spreizhebel nennen, und damit verbunden einen großen ovalen Bügel, den Sperr- und Spreizbügel.

Damit ist aber die Einrichtung des Schwebehakens nicht erschöpft. Jeder der genannten Teile hat noch weitere konstruktionelle Besonderheiten, für welche zum besseren Verständnis bestimmte Bezeichnungen notwendig sind. Ich habe mich dabei bemüht, Worte zu wählen, welche in der Technik gebräuchlich sind. Wer sich damit vertraut gemacht hat, wird meinen Schilderungen des Instrumentes und seiner Handhabung sehr leicht folgen können.

Figur 13.

Aufhänge-Haken

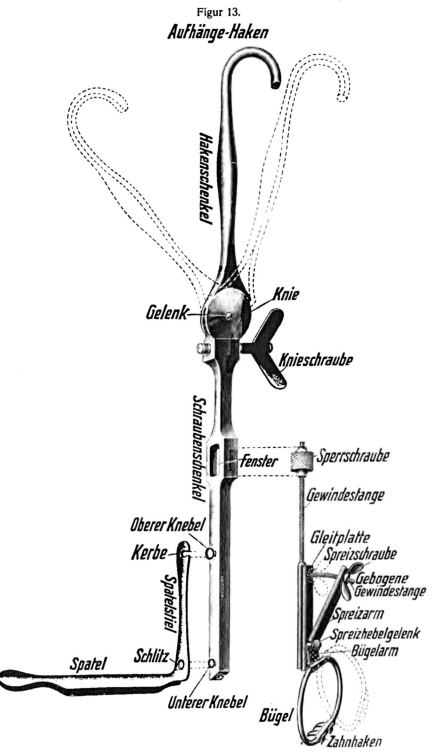

Der Schwebehaken (neustes Modell), in seine Bestandteile zerlegt.

Zur Einführung gebe ich zunächst eine tabellarische Übersicht über die fraglichen Bezeichnungen:

Schwebe-haken.

A. Spatel
- Spatelstiel
  - Seitenkerbe
  - Längsschlitz

B. Kniestück
- Hakenschenkel
  - Aufhängehaken
- Knie
  - Gelenk des Knies
  - Knieschraube
- Schraubenschenkel
  - Fenster
  - Oberer Knebel
  - Unterer Knebel

C. Mundsperre
- Gewindestange
  - Sperrschraube
- Spreizhebel
  - Spreizarm
  - Spreizschraube
  - Gebogene Gewindestange
  - Spreizhebelgelenk
  - Bügelarm
  - Gleitplatte
- Sperr- und Spreizbügel
  - Obere Querstange
  - Untere Querstange
  - Rechter Bogen
  - Linker Bogen
  - Zahnhaken

Durch das Studium des Schwebehakens in zerlegtem Zustand an umstehender Figur 13 werden alle diese Begriffe sofort Leben gewinnen. Nach dieser Vorbereitung wird der Leser mit Leichtigkeit der speziellen Beschreibung der einzelnen Bestandteile des Instrumentes folgen können.

A. Der Spatel.

Mit den Widerständen, die ein so eigenartiges Organ wie die Zunge entgegenstellt, hatte schon *Kirstein* herumgekämpft. Es war ein langer Weg, bis wir zu dem Röhrenspatel, mit dem er angefangen hatte, zurückgekehrt waren. Am Ende hat die Röhre deswegen gesiegt, weil sie sich am leichtesten in die Zunge einbettet, die sich zu beiden Seiten aufbäumenden Teile des Muskels aus dem Gesichtsfeld bringt und den für den Einblick nötigen Abstand von den oberen Schneidezähnen dauernd erzwingt.

Wenn dieser Abstand, wie bei der Schwebelaryngoskopie, durch eine Mundsperre gesichert wird, so kann die Röhre auch durch eine Halbröhre ersetzt

werden. Noch tiefer wie eine Halbröhre wird ein Spatel von V-förmigem Querschnitt in die Zunge eindringen. So gelangen wir zu meinem Rinnenspatel
(vgl. Figur 7).

Figur 14.

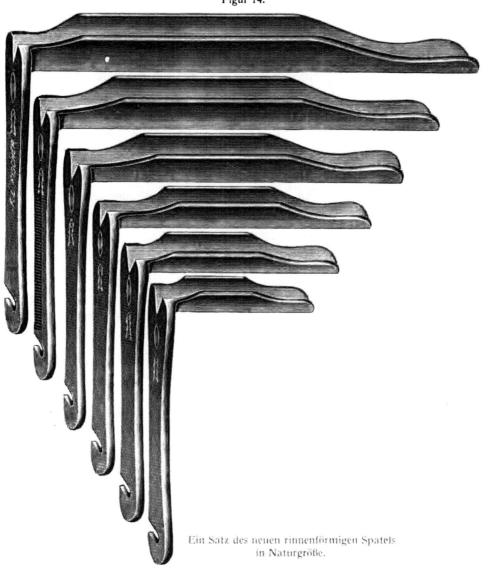

Ein Satz des neuen rinnenförmigen Spatels
in Naturgröße.

Die Form des Keiles je nach der Eigenart des Falles ändern zu können,
schien mir ebenso wie *Chiari* erwünscht, daher kam es zur Konstruktion des
geflügelten Rinnenspatels (vgl. Figur 8). Die Flügel waren breiter wie am alten
Rinnenspatel, hielten also auch die sich ins Gesichtsfeld drängenden Seitenteile der
Zunge besser zurück. Die Verstellbarkeit seiner Flügel schätzte ich anfangs sehr.

Schließlich ergab sich aber, daß man im allgemeinen immer dieselben Flügel-stellungen wählte, ähnlich wie am alten Modell ohne bewegliche Flügel. Ich konnte daher wieder zu einem einfachen Rinnenspatel zurückkehren, der etwas breitere Seitenteile besaß als der alte.

Figur 15.

²/₅ n.Gr.

Rinnenspatel,
an einen einfachen Handgriff
angeschaltet.

Die Spitze mußte seitlich gut abgerundet werden, um sowohl vom Zungengrund, als auch vom Kehl-deckel aus gleich gut wirken zu können, und genügend dick sein, damit sie bei starkem Druck keine Läsionen und Schmerzen machte (Figur 14).

Da bei der *Lynch'schen* Art der Mundsperre der Spatel in den Hals hinuntergepreßt wird, kommt es selten vor, daß der Kehldeckel ausgleitet. Ein beson-derer Kehldeckelheber in Verbindung mit unserem Spatel ist daher nicht mehr vorgesehen.

Durch die Rinne des Spatels findet der Blick leicht den Weg zu der früher so schwer oder gar nicht einstellbaren vorderen Commissur. Es wird also auch unnötig, einen besonderen Gegendrücker an-zuwenden.

Selbstverständlich muß man die Länge des Rinnenspatels je nach der Körper-größe richtig wählen, insbesondere wenn der Kehldeckel mitgefaßt werden soll.

Dies gelingt schon einigermaßen durch äußere Abmessung. Noch genauer kann man die Länge des Spatels bestimmen, wenn man ihn am Schwebehaken

Figur 16a.   Figur 16b.

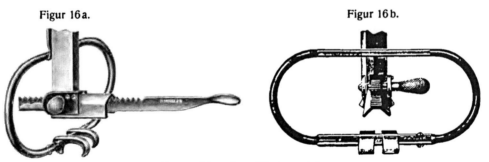

Der verlängerbare Kinderspatel.

oder an einem einfachen Griff befestigt (Figur 15) und damit am sitzenden Patienten eine direkte Laryngoskopie alten Stils versucht.

Wer auf das Erfassen und Herausziehen der Zunge bei der Schwebelaryngo-skopie verzichten will, muß einen längeren Zungenspatel wählen, weil dann der Weg zum Kehlkopfinnern ein längerer ist.

Um die verschiedenen For-
derungen der Praxis zu erfüllen,
ist ein ganzer Satz von Rinnen-
spateln notwendig (Figur 14). Mit
der Zeit bekommt man so viel Erfahrung, daß man leicht von vornherein die richtige Länge trifft.

Hat man sich geirrt, kann
der Kehldeckel bei maximal ein-
geführtem Spatel nicht genügend
mitgefaßt werden, so geht man
am besten wieder aus dem Munde
heraus und setzt einen längeren
Spatel an.

Dieses Wechseln des Spatels
beeinträchtigt etwas die Eleganz
des Verfahrens. Auch kann es
verhängnisvoll werden, wenn
Eile notwendig ist, um vor-
handene Erstickungsnot wirk-
sam zu bekämpfen, wie z. B. bei
den Papillomen der Kinder.
Unter Umständen wird man
doch zur Tracheotomie ge-
drängt, die man gern hatte
umgehen wollen. Es hat also
schon einigen Wert, gleich den
rechten Spatel herauszugreifen.
Neuerdings versuche ich bei
kleinen Kindern einen ver-
längerbaren Rinnenspatel mit
bestem Erfolg (Figur 16a u. 16b).

Die Befestigung des Spatels
am Kniestück des Schwebe-
hakens muß aus den angeführ-
ten Gründen nicht allein fest
und sicher, sondern auch so
eingerichtet sein, daß man den

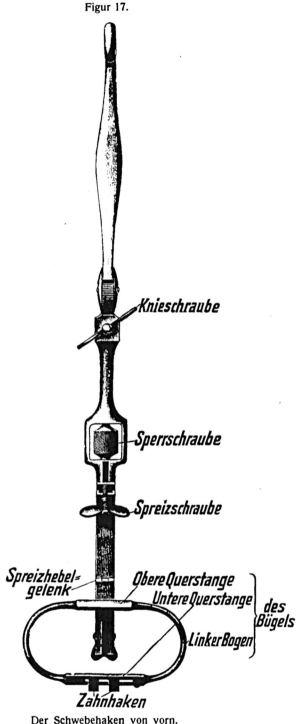

Figur 17.

Knieschraube

Sperrschraube

Spreizschraube

*Spreizhebel=
gelenk* *Obere Querstange*
Untere Querstange *des
Bügels*
Linker Bogen

Zahnhaken

Der Schwebehaken von vorn.
Neustes Modell.

Spatel rasch mit einem andern vertauschen kann. Wir haben dies auf sehr einfache Weise erreicht. Der Spatelstiel ist rechtwinklig abgebogen. Der abgebogene Teil ist ganz flach und besitzt basal einen Längsschlitz und am Ende seitlich eine Kerbe. Beide passen auf zwei Stifte oder, besser gesagt, Knebel am Kniestück. Zur Befestigung ist nach der Einfügung des Spatelstiels in den unteren Knebel eine Drehung um 90° notwendig.

B. Das Kniestück.

Das Kniestück (Figur 17 u. 18) trägt seinen Namen, weil es bei der Schwebelaryngoskopie knieförmig abgebogen wird. Sein oberer oder Hakenschenkel und sein unterer oder Schraubenschenkel bilden dabei einen nach vorn, d. h. gegen das Kopfende des Patienten und gegen den Untersucher gerichteten Winkel.

Das Gelenk liegt ungefähr an der Grenze zwischen dem oberen und mittleren Drittel des Kniestückes. Die Bewegung geschieht um eine quere Achse. Sie wird durch eine Flügelschraube (Knieschraube, Figur 17) bewirkt, welche unterhalb des Gelenkes sitzt. Vermittels ihres Gewindes wirkt diese Flügelschraube auf die kreisförmige gezahnte Peripherie des Gelenkendes des Hakenschenkels nach dem physikalischen Prinzip der Schraube ohne Ende.

Der untere oder Schraubenschenkel des Kniestücks zeichnet sich durch einen quadratischen Ausschnitt aus, eine Art Fenster. Dies Fenster ist dazu bestimmt, die dicke, walzenförmige Sperrschraube der Mundsperre axial aufzunehmen. Außerdem ist der Schraubenschenkel der Länge nach ausgehöhlt. In diesem Kanal verläuft die Gewindestange der Mundsperre.

Figur 18.

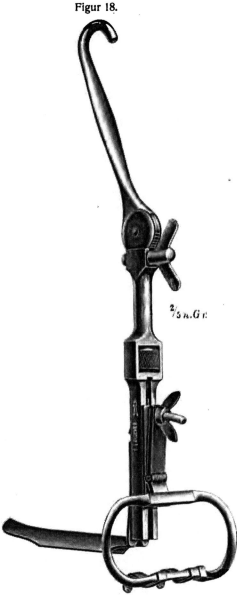

$^2/_3$ n. G r.

Der Schwebehaken von der Seite.
Neustes Modell.

Vorn ist der Kanal der Länge nach aufgeschlitzt. In dem Schlitz gleitet das Verbindungsstück zwischen Gewindestange und Spreizhebelvorrichtung. Die Vorderfläche des Schraubenschenkels hat eine Gleitebene. Auf dieser Bahn gleitet die Gleitplatte der Mundsperre auf und ab, wenn man an der Sperrschraube dreht (Figur 19). Die Bewegung hat eine Exkursion von 4,5 cm.

An seiner Rückseite trägt der Schraubenschenkel den oberen und unteren Knebel zur Befestigung des Zungenspatelstiels. Der Spatel wird derartig befestigt, daß seine Rinne gerade über dem unteren Ende des Schraubenschenkels abschneidet.

C. Die Mundsperre.

Sie ist der komplizierteste Teil des Schwebehakens. Von ihren drei Hauptbestandteilen, der Gewindestange, dem Spreizhebel und dem Sperr- und Spreizbügel fällt der letztere am meisten auf (vgl. Figur 19).

Er hatte in der allerersten Zeit eine geschlossene Form, d. h. er war beiderseits gleich ausgebildet und ringförmig. Sehr bald begnügte ich mich mit einem starken Halbbügel (vgl. die Figuren 3, 6, 9, 10). Ich wollte für die rechte Hand ein ganz freies Aktionsfeld haben. Mit der Zeit aber stellte sich heraus daß solche Halbbügel bei starkem Sperrdruck leicht federn. Ich ging daher bei dem neuen Schwebehaken wieder zur geschlossenen Form zurück und wählte ein genügend großes Oval. An diesem unterscheiden wir eine obere und untere Querstange, die durch zwei seitliche Bogen verbunden sind.

An der unteren Querstange gleiten verschiebbar zwei kurze Zahnhaken. Ich habe dieselben von *Lynch* übernommen und sehr praktisch befunden. Sie tun bei Erwachsenen und Kindern eigentlich immer ihre Schuldigkeit, auch wenn die Zähne zum Teil oder sämtlich fehlen.

Die obere Querstange des Bügels ist mit dem Spreizhebel breit verbunden, und zwar mit dessen unterem Hebelarm, dem kurzen Bügelarm. Meine Spreizeinrichtung beruht auf dem Prinzip des Doppelhebels im Gegensatz zu der von *Lynch*, bei der nur ein einfacher unterer Hebelarm zur Verwendung gelangt. Die Doppelhebelkonstruktion schien mir vorteilhafter. Mein Doppelhebel bewegt sich um ein Gelenk mit horizontaler Achse, das Spreizhebelgelenk, welches auf einer länglichen Platte, der Gleitplatte, befestigt ist.

Der obere Hebelarm ist wesentlich länger als der untere und von oben her eine kurze Strecke weit geschlitzt. Durch den Schlitz verläuft die gebogene Gewindestange für eine Flügelschraube, welche wir Spreizschraube nennen.

Im Ruhezustand liegt der Bügelarm auf der Gleitplatte, während der Spreizarm im Winkel von ihr absteht. Der Bügel ist dabei der Ebene des Kniestückes am meisten genähert. Die Zahnhaken befinden sich unter dem Ende desselben und unter dem Anfang des Spatels.

Setzt man die Spreizschraube in Tätigkeit, so drückt sie den Spreizarm gegen die Gleitplatte, der Bügelarm mit Bügel hebt sich und spreizt sich vom

Figur 19.

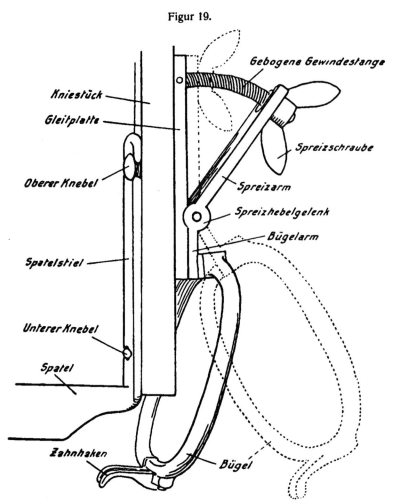

Der Spreizhebel vor der Einführung des Spatels von der Seite.
Die Zahnhaken stehen unter dem äußeren Ende des Spatels.

Kniestück, oder besser gesagt, vom Schraubenschenkel desselben ab. Die Zahnhaken entfernen sich vom Spatel. Der Ausschlag läßt sich bis auf 5 cm bringen, was auf alle Fälle, auch beim Erwachsenen, ausreicht.

Bemerkt sei jetzt schon, daß beim eingeführten Instrument die Wirkung der Spreizung eine gerade umgekehrte ist. Die Zahnhaken stützen sich fest am Oberkiefer. Von diesem Punkt aus schiebt sich bei der

Spreizung das ganze Kniestück zurück und der Spatel gleitet tiefer und tiefer in den Hals.

Und wie *Lynch* ganz richtig bemerkt, der Spatel steht nicht mehr mit einem ungenützten Stück zum Munde heraus. Bei richtig gewählter Länge kommt er, zwischen Zungengrund und Kehldeckel oder über den Kehldeckel geschoben, mit seinem Stiel bis dicht an die Unterlippe und die unteren Schneidezähne zu liegen. Man ist dem Kehlkopfinnern um einiges näher als früher.

In diesem Bestreben habe ich schon in der ersten Zeit der Schwebelaryngoskopie Versuche gemacht und dem Bügel eine Bewegung um eine horizontale Achse gegeben. Die Feststellung ist mir aber nicht befriedigend gelungen. Im Jahre 1914 kam ich noch einmal darauf zurück, wie Figur 9 zeigt, aber diese Anordnung leistete nicht das Gewünschte. Es muß daher entschieden als ein großer Fortschritt bezeichnet werden, daß *Lynch* hier eine Hebelvorrichtung anbrachte.

Außer der Spreizung brauchen wir noch die Aufsperrung des Mundes. Wie oben schon erwähnt, ist der ganze Spreizapparat so eingerichtet, daß er sich im ganzen mittelst der Gleitplatte auf- und abwärtsschieben läßt. Er hat eine Verbindung mit der im Innern des Schraubenschenkels steckenden Gewindestange. Auf dieser sitzt innerhalb des Fensters des Schraubenschenkels die schon erwähnte walzenförmige Sperrschraube. Je nachdem wir

Figur 20.

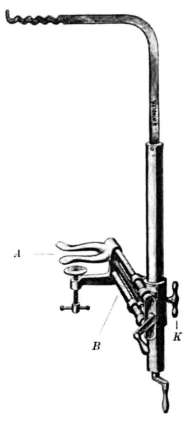

Der Galgen,
zum Anschrauben am Operationstisch
(A) und auf vertikale und horizontale (B)
Verschiebung eingerichtet.
K = Klemmschraube der Säule.

an der Schraube drehen, bewegt sich die Mundsperre auf- oder abwärts. Wir können den Abstand der Zahnhaken vom Spatel und damit den Grad des Mundaufsperrens genau regulieren.

In der hier beschriebenen Form habe ich die Mundsperre schon seit drei Jahren in Gebrauch. Sie hat allen Anforderungen durchaus genügt.

Überraschungen durch plötzliches Abspringen des Schwebehakens, wie man das früher öfter sah, ebenso das lästige Herausgleiten des Kehldeckels unter dem Spatel heraus, kommen kaum noch vor.

Bemerken möchte ich noch, daß am ganzen unteren medialen Teil des Schwebehakens Lichtreflexe sehr stören. Wir haben ihn daher mit Einschluß des Spatels galvanisch schwärzen lassen.

2. Der Galgen.

Bei der Schwebelaryngoskopie wird der Kopf des Patienten vermittelst des Schwebehakens am „Galgen" (Figur 20, 21 u. 22) aufgehängt. Wir untersuchen

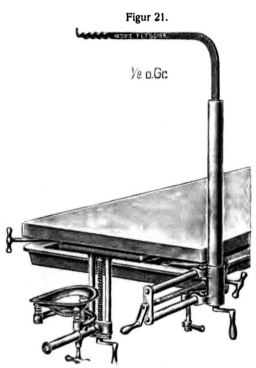

Figur 21.

½ n.Gr.

am „hängenden Kopf", aber nicht in dem Sinne von *Rose,* denn in der *Roseschen* Lage ist der Kopf des Patienten nur über den Rand des Operationstisches stark geneigt. Bei meiner Methode hängt er frei, er schwebt geradezu. Deswegen habe ich auch diesen Ausdruck gewählt. Die englischsprechenden Völker sagen trotzdem Suspensionlaryngoskopie, die Franzosen: Laryngoskopie directe en suspension.

Das Aufhängen des Hakens geschieht an einer horizontalen Stange. Diese Aufhängestange muß derartig beweglich und verstellbar sein, daß man sie schnell und bequem genau dahin bringen kann, wo sich nach der Einführung des Spatels und der groben Einstellung der Mundsperre der Aufhängehaken des Kniestücks befindet.

Der Galgen am Operationstisch, an der rechten äußersten Ecke angeschraubt. Säule in Anfangsstellung. Am Operationstisch ist auch die Kopfstütze befestigt.

Wir brauchen zwei Bewegungen, eine vorwärts und rückwärts und eine zweite auf- und abwärts. Die Vor- und Rückwärtsbewegung geschieht auf einer durch zwei Stäbe gegebenen Bahn (Figur 20 B) mittelst Schraubengang und Kurbel. Diese horizontale Bahn hatte eine Länge von 29 cm. Sie wurde von *Lynch* noch um vier amerikanische Zoll, von mir neuerdings um 20 cm verlängert, also auf fast 50 cm gebracht.

Das der Kurbel entgegengesetzte Ende des horizontalen Galgenteiles schraubt man mittelst einer breiten Klammer an der vorderen rechten Ecke des

Operationstisches fest. Die ganze horizontale Strecke soll vom Operationstisch her dem vor dessen oberem Ende stehenden Untersucher entgegengerichtet sein.

Die Höher- und Tieferbewegung der Aufhängestange geschieht mittelst einer starken Säule. Diese Säule kann zur groben Einstellung im ganzen höher und tiefer gestellt, gedreht und in jeder Stellung fixiert werden. Man sieht sie durch eine Hülse mit Klemmschraube (K Figur 20) gesteckt, die an der horizontalen Galgenbahn befestigt ist.

Es bedarf aber noch einer feineren Abstufung der Höher- und Tieferbewegung. Deswegen besteht die Säule aus zwei Stücken. Das obere Stück steckt in dem unteren und kann durch eine Kurbel am unteren Ende der Säule in das untere hinein- oder aus ihm herausgeschoben werden. Diese Einrichtung, wie überhaupt die des ganzen Galgens, hat sich seit Jahren als so zweckmäßig erwiesen, daß wir keine Veranlassung fanden, etwas zu ändern.

Figur 22.

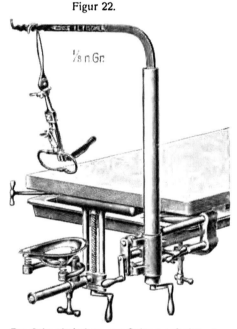

Der Schwebehaken, am Galgen aufgehängt. Der Haken ist schräg gestellt, wie es bei der Einstellung des Kehlkopfes der Fall ist. Dabei steht die Säule des Galgens an dessen äußerstem Ende.

3. Der Operationstisch.

Die meisten Operationstische sind so gestaltet, daß man den Galgen an ihrem oberen oder unteren Ende anschrauben kann. Nun hat sich aber herausgestellt, daß in Rücksicht auf die Schwebelaryngoskopie unsere Operationstische wesentlich verbessert werden können. Unsere Wünsche decken sich mit denen bei der Anwendung der direkten Methoden am liegenden Patienten in Rücken- oder Seitenlage.

Es handelt sich zunächst darum, die Platte des Operationstisches höher oder tiefer zu stellen (Figur 23). Bei gewöhnlicher Tischhöhe ist der Operateur in der Regel genötigt, auf einem Schemel zu hocken oder gar zu knien. Oft mußte ich die schwierigsten Prozeduren in sehr gezwungener Haltung ausführen, was außerordentlich ermüdet und den Erfolg beeinträchtigt. Die gewöhnlichen Operationstische lassen sich nur mäßig erhöhen. Sie erlauben in der Regel dem Operateur nicht, bei der Schwebelaryngoskopie auf einem Stuhl zu sitzen oder zu stehen, was für Demonstrationen besonders erwünscht ist. Deswegen hat schon *Kahler* in der Chiari'schen Klinik einen besonderen Stuhl konstruiert, den man sich so hoch schrauben kann, als irgend notwendig erscheint.

Ich habe meinen neuen Tisch so einrichten lassen, daß er ungewöhnlich hoch gestellt werden kann. Es geschieht dies mittelst einer Kurbel und kann vom Operateur selbst besorgt werden. Selbstverständlich läßt sich die Platte des Tisches auch neigen, ebenso die Rücklehne. Für den Kopf ist eine durch

Figur 23.

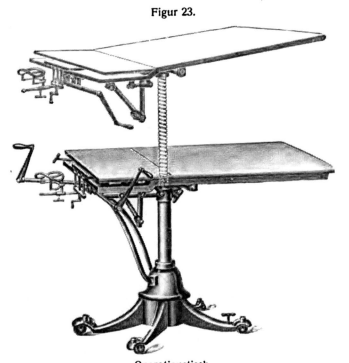

Operationstisch,
zum Höher-, Tieferstellen und Neigen eingerichtet.

Kurbel verstellbare Stütze angebracht. Früher mußte ein Assistent den Kopf dauernd halten. Dies ist jetzt nicht mehr notwendig. Auf dem Tische kann auch jede andere Operation vorgenommen werden, welche der Laryngologe auszuführen hat. Er steht in dieser Hinsicht den andern Operationstischen nicht nach.

4. Operationsinstrumente.

Wir verwenden zu Operationen in Schwebelaryngoskopie dieselben Instrumente, die uns für die direkte Laryngoskopie alten Stils zur Verfügung stehen. Es handelt sich um kurze Entfernungen. Die Instrumente können daher auch kurz gestielt sein, besonders bei Kindern. Am bequemsten ist eine Länge von 20—25 cm.

Wir gebrauchen Tupfer zum Cocainisieren und Abtupfen. Knopfsonden, Häkchen, Knopfmesser, die beliebte *Brüningssche* Krallenzange, auch meine

Figur 24.

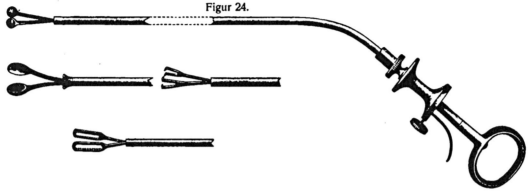

Die Brüningssche Zange mit verschiedenen Ansätzen.

Bohnenzange zu Fremdkörperextraktionen. Polypen und Papillome werden mit der Löffelzange gefaßt. Für Excisionen sind alle Arten von Doppelküretten ge-

Figur 25.

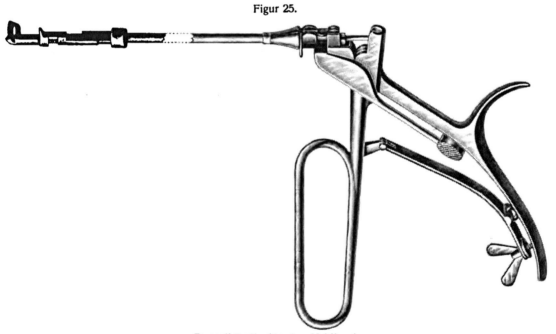

Doppelkürette für den Kehlkopf.

eignet. Dazu kommen einfache und galvanokaustische Schlingen, galvanokaustische Spitzbrenner zum Tiefenstich und Ähnliches.

Für die Blutstillung hat Instrumentenmacher *Fischer* in Freiburg i. Br. ein Instrument konstruiert, um kleine Metallklammern anzusetzen und zu entfernen (Figur 26).

Zur Entfernung von Sekret und Blut benutzen wir die *Brüningssche* Gummi-saugpumpe, an welche wir vorn einen Nélaton-Katheter fügen (Figur 28).

Sehr erwünscht kann ein kontinuierliches Absaugen sein. Dazu ist die einfache Einrichtung einer Wasserstrahlsaugpumpe sehr förderlich (Figur 29). Ich habe die Saugröhre an die Decke des Operationszimmers führen lassen, von dort senkt sie sich zum Operationstisch herab. Über diesem hängt die Glas-kugel zur Aufnahme der Sekrete. Zum fortgesetzten Absaugen führen wir einen *Nélatonschen* Katheter durch die Nase in den Rachen bis zum Kehlkopf.

Figur 26.

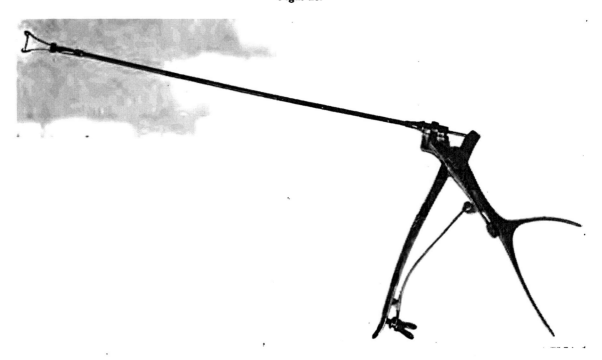

Fischers Klammerhalter für intralaryngeale Blutstillung.

Zum Schutz des Operateurs gegen das Anhusten, besonders bei Tuber-kulösen, verwenden wir eine runde Schutzscheibe, welche nach allen Richtungen verstellbar am Galgen befestigt wird[1]) (Figur 27).

---

[1]) Die von mir beschriebenen Instrumente werden alle von den Firmen *H. Windler*, Berlin, Friedrichstraße, und *F. Fischer*, Berlin, Luisenstraße, und Freiburg im Breisgau, Kaiserstraße, geliefert.

III. Beleuchtung.

Wir beleuchten bei der Schwebelaryngoskopie unser Untersuchungsfeld am besten mit der *Kirsteinschen* Stirnlampe (Figur 43) oder einer ähnlichen Vorrichtung. Als Lichtquelle dienen neuerdings kleine Metallfadenlampen, die ohne Gefahr in Weißglut versetzt werden dürfen.

Durch die Möglichkeit, die Sammellinse näher oder weiter von der Lichtquelle rücken zu können, wird uns bei dieser Lampe jeweils die optimale Beleuchtung gesichert. Man kann das Lichtfeld breit oder schmal einstellen, je nach Bedarf. Für den Rachen ist ein großes, für den Kehlkopf ein kleines Flammenbild in der gegebenen Entfernung zu wählen.

Den Planspiegel an der *Kirsteinschen* Lampe habe ich größer machen lassen, als für die eigentlichen Zwecke der Beleuchtung nötig ist. Daher kommt es, daß die Sehöffnung in bezug auf den Spiegel selbst excentrisch gelegen ist, obwohl sie sich genau in der optischen Achse befindet.

Der Zweck dieser Einrichtung wird im Abschnitt über Demonstrationen erörtert.

Ebendort finden wir auch die Innenbeleuchtung beschrieben.

IV. Die Vorbereitungen zur Schwebelaryngoskopie.

Zur Anwendung des Verfahrens eignet sich nicht jeder Patient in gleicher Weise. Diejenigen, welche der Einführung von Röhren Widerstände entgegensetzen, werden sich auch bei der Schwebelaryngoskopie ähnlich verhalten. Ich meine jene Patienten, welche den Mund schlecht öffnen, bei denen die Zähne am Oberkiefer stark hervorstehen, die Zunge sehr dick und unnachgiebig ist und nur mit Mühe vom Mundwinkel aus mit einem dünnen Rohr der Kehlkopf erreicht werden kann.

Ehe man den Patienten der Schwebelaryngoskopie unterzieht, sollte man sich über sein Verhalten gegenüber direkten Untersuchungen orientieren, Ich führe in der Regel vorher am sitzenden Patienten unter Beleuchtung mit dem Reflektor einen langen Zungenspatel ein und prüfe, inwieweit sich der Zungengrund verdrängen läßt. Zugleich benutze ich diese Untersuchung dazu, um die Länge des bei der Schwebelaryngoskopie zu verwendenden Spatels zu bestimmen. Um recht genau orientiert zu sein, hat *Kahler* an dem *Kirsteinschen* Spatel eine Graduierung angebracht. Damit mißt er die Entfernung von den unteren Schneidezähnen bis zur Basis der Epiglottis. Ich halte dies für sehr empfehlenswert.

Bei Kindern hat man die Voruntersuchung nicht nötig. Nach unserer Erfahrung können sie alle mit Leichtigkeit der Schwebelaryngoskopie unterzogen werden. Auch Frauen verhalten sich im allgemeinen sehr günstig.

Die Untersuchung wird am besten in der Frühe am nüchternen Patienten vorgenommen. Handelt es sich um Patienten, die nicht ängstlich sind, so kann man es versuchen, mit Cocain allein auszukommen. Dabei empfehle ich ganz besonders die 25% alkoholische Lösung. Man pinselt damit die Schleimhaut 'der Gaumenbögen, des Zungengrundes, Rachens und Kehlkopfes, nachdem eine Pinselung mit der wäßrigen 20%igen Lösung vorausgegangen ist. Adrenalinzusatz ist stets zweckmäßig. Kinder müssen in Äthernarkose gebracht werden. Auch beim Erwachsenen kann man von dieser Gebrauch machen.

Man beginnt die Narkose mit der Maske. Ist sie genügend tief und der Cornealreflex erloschen, so wird der Schwebehaken angelegt. Nach der Einführung des Spatels muß die Narkose mit einem Gebläseapparat fortgesetzt werden. Wir verwenden den von *Junker* angegebenen. Am besten fügt man dem Mundstück des Apparates einen weichen Katheter an und schiebt diesen durch die Nase in den Rachen bis in die Nähe des Kehlkopfes. Es ist durchaus notwendig, daß der Äther in die tiefen Luftwege geblasen wird, weil sonst die Narkose wegen des offenen Mundes und der unbehinderten Zufuhr von Außenluft nicht tief genug bleibt. Manchmal erreicht man dies erst bei geringem Chloroformzusatz. Bei lebhaftem Blasen können durch Einfrieren am Gebläseapparat Störungen eintreten. Ich erwärme den Äther daher neuerdings mit einem Thermostaten. Im Notfall hilft eine Schale mit warmem Wasser.

Erwachsene erhalten Morphium und Skopolamin. Man gibt zwei Stunden vorher ein Zentigramm Morphium und drei Dezimilligramm Skopolamin. Eine

Stunde vor der Unsersuchung werden von beiden Mitteln dieselben Dosen noch einmal injiziert, Kindern darf man weder Morphium noch Skopolamin geben. Es kommt bei ihnen nur Cocain in Betracht.

Oft ist es beim Erwachsenen möglich, ohne Äther und mit Morphium-Skopolamin allein auszukommen. Um einen Dämmerschlaf zu erzielen, verdunkelt man das Operationszimmer und sorgt für Ruhe. Zu einem tiefen Schlaf reicht die von mir gebrauchte Dosis Skopolamin in der Regel nicht aus. Ein tiefer Schlaf ist aber auch nicht notwendig. Es genügt vollständig, daß der Patient etwas benommen ist. Man kann sich dabei mit ihm unterhalten und ihm Befehle geben, die er prompt befolgt.

Auch weise ich darauf hin, daß durch Skopolamin und Morphium die Cocainisierung des Kehlkopfes nicht überflüssig gemacht wird. Man muß in der Regel noch einige Male mit dem Cocainpinsel in den Kehlkopf eingehen, insbesondere bei Tuberkulösen. Ich führe dies in der Regel so aus, daß ich mit der elektrischen Stirnlampe und unter Leitung des Kehlkopfspiegels dem auf dem Operationstisch liegenden Patienten bei mäßig rückgebeugtem Kopf den Kehlkopf pinsele. Es ist sehr zweckmäßig, bei dieser Prozedur den Unterkiefer

Figur 27.

Die Schutzscheibe.

vorziehen zu lassen, weil man dann viel leichter sowohl in den Kehlkopf hineinsieht als auch mit dem Pinsel in denselben hineingelangt. Man braucht jedoch lange nicht so viel Cocain, als ohne Anwendung von Morphium und Skopolamin notwendig wäre. Diese beiden Mittel setzen die Empfindlichkeit des Kehlkopfes stets deutlich herab. Es empfiehlt sich, die Untersuchung unter allen Umständen nicht früher als zwei Stunden nach der ersten Injektion vorzunehmen, weil sonst manche Patienten in einen eigentümlichen Aufregungszustand geraten und sich widersetzen. Sehr wohl aber kann man länger warten, zweieinhalb bis drei Stunden. Die Wirkung des Morphium-Skopolamins dauert immer einige Stunden.

Vorbereitung des Instrumentariums.

Vor Beginn der Untersuchung sind alle notwendigen Instrumente in sterilisiertem Zustand zurechtzulegen und zu prüfen.

Mit dem Operationstisch, dem Galgen und dem Schwebehaken muß man sich vorher gut vertraut gemacht haben.

3*

geneigt. Die Mundsperre stellt man in Ruhe, also so, daß die Zahnhaken unter dem dentalen Ende des Spatels stehen. Außerdem bringt man die untere

Figur 29.

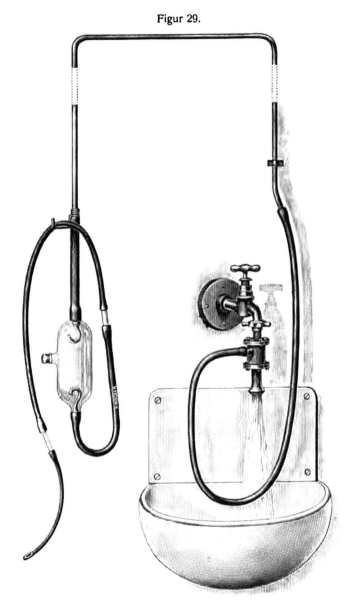

Unsere Wasserstrahl-Saugpumpe.
Das Sauggefäß hängt über dem Operationstisch.

Querstange des Bügels so nahe an den Spatel, daß gerade noch ein bequemer Durchblick möglich bleibt (Figur 30). Das eigentliche Mundsperren beginnt erst, wenn der Spatel liegt.

Die Haken für die Zähne sollen in der Mitte nebeneinanderstehen. Man richtet sich nach den Zahnverhältnissen.

Gefaßt wird der Schwebehaken am Schraubenschenkel des Kniestücks, und zwar mit der rechten Hand (Figur 31).

Figur 30.

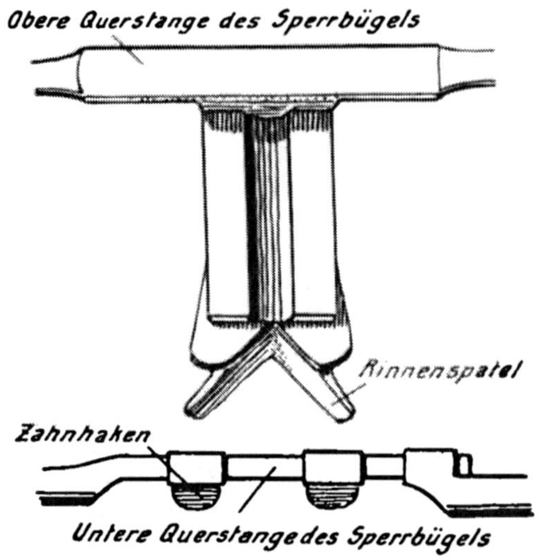

Obere Querstange des Sperrbügels

Rinnenspatel

Zahnhaken

Untere Querstange des Sperrbügels

Die Mundsperre vor der Einführung des Rinnenspatels, von vorn.
Abstand der unteren Querstange des Sperrbügels vom Rinnenspatel.

Die *Kirsteinsche* Stirnlampe hat man aufgesetzt und gut zentriert. Weitsichtige bedürfen einer Convexbrille für die Distanz von 20—30 cm vom Auge.

V. Die Einführung des Schwebehakens.

Die Einstellung der Kehlkopfhöhle mittels Spatel kann, wie schon *Kirstein* gefunden hat, auf zweierlei Weise bewirkt werden, entweder durch Spateldruck vom Zungengrund aus (linguale Methode) oder durch Spateldruck gegen den Kehldeckel (epiglottische Methode).

Dies gilt auch für die Schwebelaryngoskopie. Die in jedem Fall bei Kindern und Erwachsenen zum Ziel führende Methode ist die epiglottische. Wir wollen sie daher zuerst schildern.

Mit dem eingeführten Spatel haben wir der Reihe nach fünf Ziele zu erreichen:

1. das Zäpfchen,
2. den Kehldeckelrand,
3. die Arygegend,
4. die Kehlkopfhöhle,
5. die Einstellung der vorderen Commissur.

Danach gliedert sich der Einführungsmodus in fünf Stadien.

Nehmen wir an, der auf dem Operationstisch liegende Patient ist genügend cocainisiert, oder er befindet sich im Morphium-Skopolamindämmerzustand plus lokaler Anästhesie, oder die Äthernarkose ist tief genug, der Cornealreflex erloschen. Wir haben die Stirnlampe auf und den Schwebehaken in der rechten Hand, lassen den Kopf des Patienten leicht senken, den Mund öffnen (in Narkose mit *O'Dwyer*), die Zunge herausstrecken oder genau in der Medianlinie mit der Zungenzange herausziehen und die etwa vorhandenen Rachensekrete herauswischen oder absaugen.

Wir gehen nun mit dem Rinnenspatel genau in der Mitte der Zunge nach hinten (Figur 32), bis wir die Uvula erreicht haben (vgl. Figur 35). Dann wandern wir mit der Spatelspitze an der hinteren Rachenwand nach abwärts und suchen den oberen Rand des Kehldeckels auf (vgl. Figur 36).

Wir schieben darauf den Spatel über diesen hinweg 1—2 cm tiefer, bis wir glauben, in der Nähe der Arygegend zu sein. Dann drängen wir das Instrument gegen das Kinn und heben die Zahnhaken über die oberen Schneidezähne. Lassen wir jetzt mit der linken Hand die Spreizschraube spielen, so wird der Spatel nicht allein fixiert, sondern auch noch deutlich in die Tiefe geschoben.

Wir befinden uns mit dem Spatelende immer noch dicht an der hinteren Rachenwand. Es kommt jetzt darauf an, das laryngeale Spatelende ein wenig anzuheben, damit etwas von der Arygegend gesehen wird (vgl. Figur 37). Wir erreichen dies leichter, wenn wir gleichzeitig von außen mit der linken Hand auf den Kehlkopf drücken.

Jetzt erst kommt der große Augenblick, in dem der Kopf aufgehängt wird. Das Kniestück mit dem Haken ragt zur Brust des Patienten geneigt in die Luft und wurde schon längst von der Assistenz auf seinem Wege dahin aufmerksam verfolgt. Die Aufhängestange des Galgens hat man bereits in entsprechende Höhe und Nähe gebracht. Geht sie nicht weit genug zurück, so zieht man den Patienten heran. Dann erfolgt die vollständige Annäherung der Aufhängestange. Der Haken kann jetzt eingehängt werden. Mittlerweile wurde die Kopfstütze nach abwärts geschraubt, der Kopf hängt frei,

er befindet sich in Schwebe.

Wir haben die Hände frei, regulieren die Haltung ein wenig und beginnen nun mit dem entscheidenden Hebelakt zur Einstellung des Kehlkopfes.

Kniestück und Spatel haben, von der Seite betrachtet, die Gestalt eines rechtwinkligen Hebels. Als Drehpunkt dürfen wir das dentale Spatelende, be-

Figur 31.

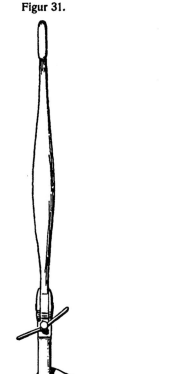

Wie man den Schwebehaken bei der Einführung hält.

ziehungsweise untere Kniestückende auffassen, wobei man sich jedoch nicht vorstellen darf, daß dieser Punkt bei der folgenden Bewegung seinen Ort beibehält.

Die Drehung erfolgt vom Aufhängepunkt aus. Sie wird dadurch bewirkt, daß man die Säule des Galgens mit der rechten Hand langsam an sich heran-

Figur 32.

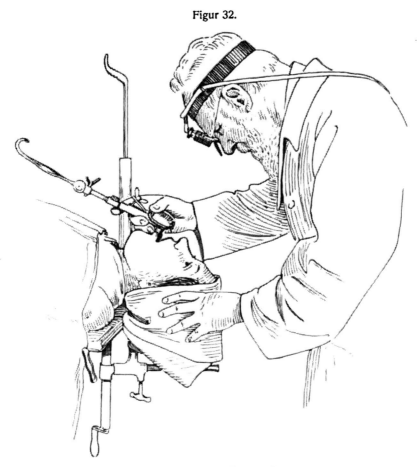

Die Einführung des Schwebehakens.

kurbelt. Dabei hebt sich notwendigerweise mehr und mehr die Spatelspitze. Anfangs merkt man noch nicht viel davon. Dann aber zeigen sich die ganze Arygegend, ein Stückchen vom Kehlkopfraum mit der Hinterfläche, die Gegend der Stimmfortsätze und, ein erfreulicher Anblick, die Stimmlippen, hintere Hälfte.

Wir drehen weiter. Das Bild gewinnt nach vorn immer mehr an Raum und schließlich erscheint zur Krönung des ganzen Manövers die Stelle, wo die Stimmlippen vorn zusammenstoßen — die vordere Commissur (vgl. Figur 33, 34 u. 38).

Gleichzeitig streift der Blick über die ganze Vorderwand der Kehlkopfhöhle, soweit sie der Spatel freiläßt, und erreicht sogar den oberen Teil der vorderen Trachealwand.

Dieses Kurbelmanöver läßt sich nur dann so erfolgreich gestalten, wenn man eine lange, horizontale Galgenbahn zur Verfügung hat. Ich empfehle daher dringend, den alten Galgen um 20 cm verlängern zu lassen. Beim alten Galgen reichte die Bahn vielfach nicht, namentlich dann nicht, wenn man sich

Figur 33.

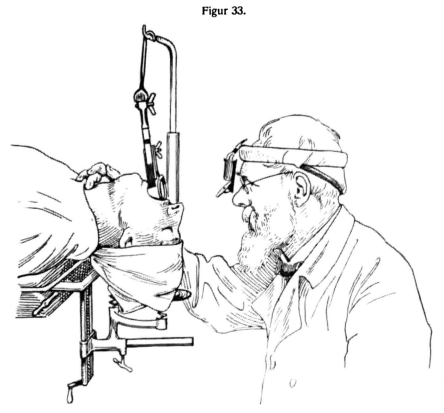

Die Anlegung des Schwebehakens ist beendet.

mit der Aufhängung des Kopfes nicht so eingerichtet hatte, daß man vom entferntesten Punkt aus die Säule an sich herankurbeln konnte.

Aber wir hatten ja noch eine zweite Einstellungsmöglichkeit. Auch wenn man mit der Knieschraube das Knie des Schwebehakens beugt, hebt sich die Spatelspitze. So konnte man die fehlende Hebelwirkung nachholen. Auch jetzt werden wir gelegentlich von diesem Mechanismus Gebrauch machen.

Zum Schluß kommen noch einige Regulierungen. Mit der Sperrschraube wird der Mund, soweit als zulässig erscheint, aufgedreht. Auch ist manchmal noch ein leichtes Drücken oder Schieben von außen am Kehlkopf erwünscht, um ihn gleichmäßig einzustellen. Früher kam noch die Hebung des Kehl-

Figur 34.

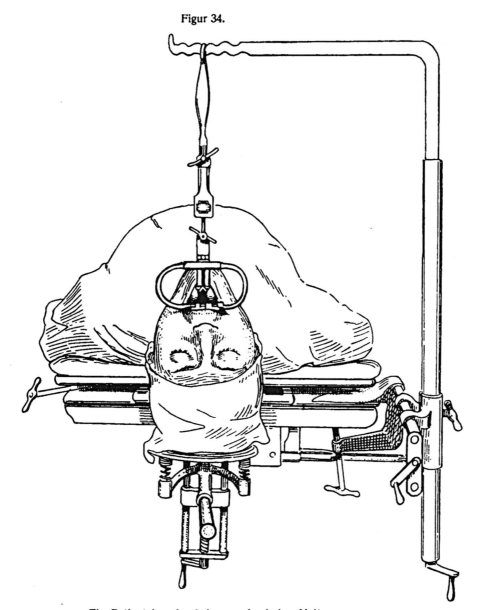

Ein Patient in schwebelaryngoskopischer Haltung von vorn.

deckels mit einem schmalen, am Hauptspatel fixierten Kehldeckelheber hinzu. Die tiefe Rinne, welche der Rinnenspatel jetzt in die Zunge eindrückt, macht einen Kehldeckelspatel, wie schon oben hervorgehoben wurde, überflüssig.

Rekapitulieren wir noch einmal kurz das Wesentliche, so galt es:

1. Mit dem Spatel eine Strecke weit über den Kehldeckel hinwegzukommen.
2. Die Zahnhaken einzuhängen.
3. Die Spreizschraube spielen zu lassen.
4. Den Haken an der Aufhängestange aufzuhängen.
5. Die Säule heranzukurbeln.
6. Die Sperrschraube zu drehen, um den Mund weiter zu öffnen.

Assistenz war nur zur Einstellung der Aufhängestange und zum Hinunterkurbeln der Kopfstütze nötig. Auch mußte die Zunge eine Zeitlang gehalten werden. Wenn ohne Narkose gearbeitet wird, können Geübte auf das Halten der Zunge verzichten.

Wir haben noch die linguale Einstellungsmethode zu beschreiben. Sie ist begreiflicherweise kürzer, einfacher und daher leichter. Bei Kindern führt sie meist zum Ziel, beim Erwachsenen nur in bestimmten Fällen. Wir wissen das genügend von der Anwendung des *Kirsteinschen* Spatels und des Röhrenspatels her. Indiziert ist die Methode bei Kindern, wenn es wegen Atemnot rasch gehen muß, wenn wir nicht in den Kehlkopfraum eindringen dürfen, wie zum Beispiel bei Fremdkörpern, und wenn die laryngeale Fläche des Kehldeckels selbst bearbeitet werden muß, wie bei Papillomen.

Man führt den Spatel genau in der Zungenmitte bis zum Kehldeckel, schiebt ihn gut zwischen diesen und die Zunge, hebt die Zahnhaken ein und fixiert den Spatel mittelst der Spreizschraube.

Dann folgt nichts weiter als die große Kurbeltour. Das Kehlkopfinnere erschließt sich dabei allmählich dem Blick (vgl. Figur 39). Es ist selbstverständlich, daß man den Schwebehaken in schonendster Weise anlegen muß. Bei forcierter Verwendung der Schrauben ließe sich wohl allerlei Unheil anrichten. Kindern könnte man mit der Mundsperre bequem den Kiefer ausrenken.

Sehr unzweckmäßig ist es, bei narkotisierten Kindern zu tief hinter dem Kehldeckel vorzudringen. Man gelangt dann über die Arygegend hinweg hinter die Ringknorpelplatte und deckt den Kehlkopfeingang zu. Tritt noch Hebelwirkung ein, so wird er ganz verschlossen. Das Kind atmet zuerst schwer, dann gar nicht mehr. Man gehe schnell etwas zurück mit dem Spatel und das Übel ist behoben. Tritt aus anderen Gründen Atemstillstand ein, so kann bei liegendem Spatel künstliche Atmung gemacht werden (*Seiffert*). Die Tracheotomie unterstützt der Spatel, weil er den Kehlkopf aus dem Halse heraushebt.

Bei schonender Ausführung ist die Schwebemethode nicht nennenswert schmerzhaft, gute Cocainisierung vorausgesetzt. Spezialisten, die sich dem Verfahren unterzogen, fanden es durchaus erträglich. Der Druck auf die Zähne und die Spannung der Gaumenbögen war etwas unangenehm. Man muß also beim Cocainisieren an die Gaumenbögen denken (und verwende hier 25 % alkoholische Lösung).

Muß der Schwebehaken rasch abgenommen werden, so bereitet das gar keine Schwierigkeiten. Man hebt die Zahnhaken aus und der Spatel wird frei. Hat man Zeit, so stellt man zuerst die Schrauben, insbesondere die Sperrschraube, zurück.

Üble Folgen habe ich nach der schwebelaryngoskopischen Untersuchung nicht gesehen. Es kann einmal vorkommen, daß die Zunge etwas schwillt oder daß sich an den Gaumenbögen eine kleine Blutunterlaufung ausbildet. Auch kommen da kleine Einrißchen vor. Manchmal sah ich am nächsten Tag, wenn der Spatel lange gelegen hatte, eine kleine Druckmarke an der laryngealen Seite des Kehldeckels.

Im allgemeinen sind die Beschwerden am Tag nach der Untersuchung gering, oder sie fehlen ganz.

Es ist klar, daß man sich auf die Einführung des Schwebehakens sorgfältig einüben muß. Dem Neuling fällt sie nicht leicht. Er vergißt im Eifer des Gefechts wichtige Handgriffe.

Dem in der Anwendung der direkten Methode Geübten fällt die Untersuchung wesentlich leichter. Er wird allein damit fertig. Immerhin ist einige Anleitung von größtem Vorteil.

Man übe zur Erlernung des Verfahrens an Modellpatienten. Man wähle sich Leute aus, bei denen der Kehlkopf mit dem *Kirsteinschen* Spatel leicht eingestellt werden kann. Man führe bei Kehlkopfpolypen, Papillomen, Tuberkulose gelegentlich eine Schwebelaryngoskopie aus, um Erfahrung zu sammeln und immer auf der Höhe zu bleiben. So wird man reif sein, wenn es darauf ankommt.

Schon vor einigen Jahren habe ich begonnen, die Verhältnisse bei der Schwebelaryngoskopie an Röntgenbildern zu studieren. Der Nutzen war kein geringer. Vor allem gewann ich eine klare Anschauung über die Lage des Spatels und die Art, wie er die Teile verdrängt.

Um dies dem Leser zu vermitteln, wurden an einer und derselben Patientin die verschiedenen Stadien der Einführung des Schwebehakens bis zur vollendeten Einstellung des Kehlkopfes auf der Röntgenplatte fixiert. In Betracht kamen nur seitliche Aufnahmen. Sie mußten so eingerichtet werden, daß man die Übersicht über Kopf, Hals und obere Brust erhielt. Dies ist nur möglich, wenn eine große Platte, wie sie sonst für Thoraxaufnahmen verwandt werden, zur Anwendung kommt. Eine solche Platte kann aber nicht an Kopf, Hals und oberen Thorax zugleich seitlich angelegt werden. Sie läßt sich nur an

Oberarm und Schulter anpressen und ist von Hals und Kopf ein ganzes Stück entfernt. Die Schatten median gelegener Teile werden daher vergrößert wiedergegeben. Da die Vergrößerung für alle die gleiche ist, so bleiben die gegenseitigen Verhältnisse gewahrt.

Figur 35.

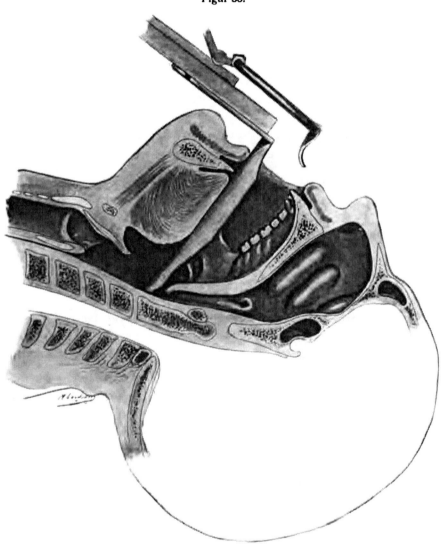

Anstatt die Aufnahmen in verkleinerten Röntgenpositiven zu reproduzieren, zog ich es vor, aus ihnen von unserm sehr geschickten Zeichner *Landsberg,* unter Zuhilfenahme von anatomischen Figuren, schematische Bilder herstellen zu lassen. Sie halten sich genau an die Röntgenphotographien und füllen deren Leeren mit dem bekannten Relief der seitlichen Mund-Rachen-Kehlkopfwand aus.

Von den fünf Bildern (Figur 35—39) zeigt das erste den Spatel auf die Uvula, das zweite auf den Kehldeckel, das dritte auf die Arygegend eingestellt.

Figur 36.

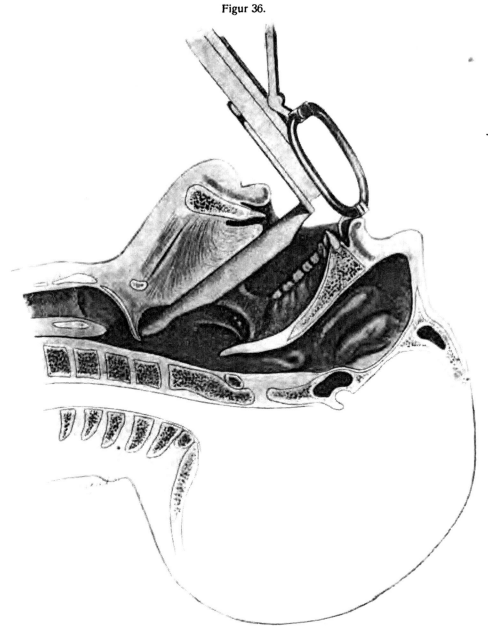

Das vierte Bild wurde gewonnen während der Einstellung der vorderen Commissur nach der epiglottischen Methode, das fünfte während der analogen Einstellung nach der lingualen Methode.

4

Aus den Umrissen von Kopf, Hals und Brust können wir auf die **Haltung** dieser Teile in den genannten Phasen der Untersuchung schließen.

Wir sehen die Patientin flach liegen bei mäßig rückwärts geneigtem **Kopf.** In freier Schwebe war sie erst bei den beiden Einstellungen des ganzen **Kehl-**

Figur 37.

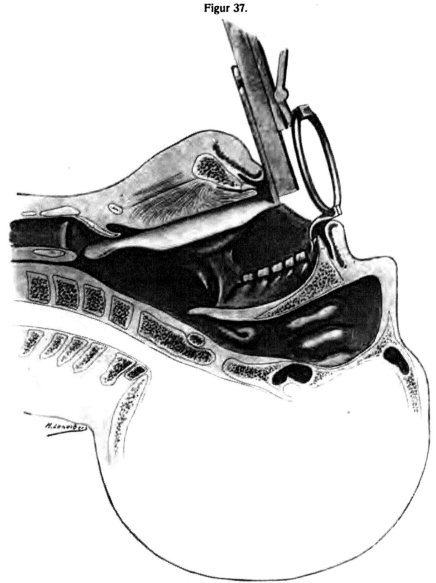

kopfinnern (viertes und fünftes Bild, Figur 38 u. 39). Demgemäß erscheint der Kopf hier stark rückwärts gebeugt.

Den vorderen Kontur des Halses sehen wir in den ersten drei Bildern (Figur 35 u. 36) der Kopfhaltung entsprechend mit der bekannten Konkavität verlaufen. Vom Kinn an zieht die Linie abwärts bis zum Zungenbein und Schildknorpel und hebt sich dann wieder bis zum Jugulum. Schon Figur 37 zeigt die Linie weniger konkav. In Figur 38 und 39 ist die Kurve ganz ausgeglichen. Vom Kinn geht es fast gerade hinunter zum Jugulum. Dies beruht

Figur 38.

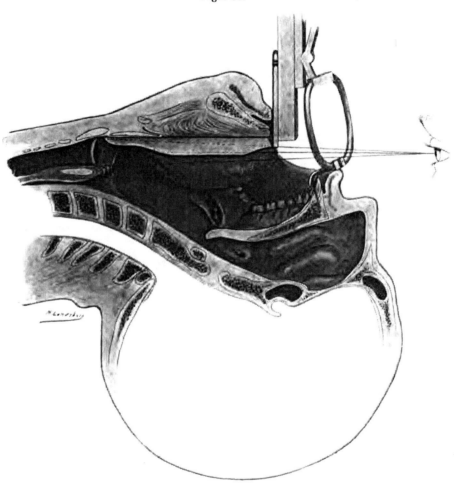

nicht allein auf der stärkeren Zurückbiegung des Kopfes, das ist klar. Hier muß der Spatel mitsprechen.

In der Tat kann ja auch jeder, der während des Schwebelaryngoskopierens von außen den Hals beobachtet, deutlich sehen, wie die Zungenbein- und besonders Kehlkopfgegend allmählich gehoben wird, bis sie geradezu leicht aus dem Halse heraussteht. Auch ist die Halshaut vorn stark gespannt. Der Patient klagt unter Umständen über Spannungsgefühle.

4*

Am meisten zieht in unseren Bildern der Schwebehaken selber die Auf-
merksamkeit auf sich. Naturgemäß sind Spatel und Kniestück bei den Einstellungen von Uvula, Kehldeckel und Arygegend geneigt. Die Neigung ist am
stärksten im Anfang, wenn wir den Spatel in der Richtung auf das Zäpfchen

Figur 39.

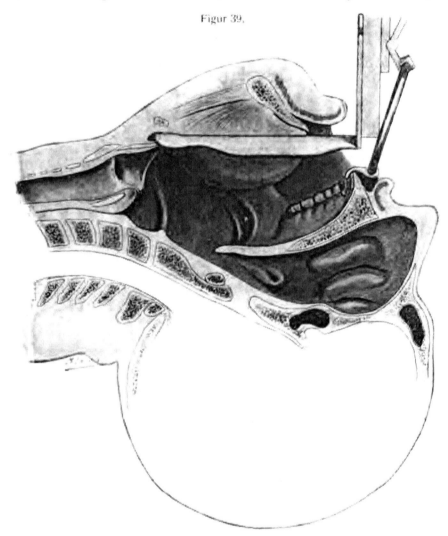

in den Mundrachen gebracht haben. Das Kniestück steht hier ganz schräg
gegen die Brust hin geneigt. Wenn der Spatel tiefer eingeführt und auf den
Kehldeckel eingestellt ist, muß das Kniestück steiler stehen; noch steiler,
wenn wir die Arygegend erreicht haben. Die beiden Einstellungen des Kehlkopfinnern mit der vorderen Commissur (Figur 38 und 39) zeigen das aufgehängte
Kniestück senkrecht. Es kommt aber auch vor, daß es nach der anderen Seite
zum Untersucher hingeneigt ist.

Der Spatel steht im ersten Bild (Figur 35) steil zur Horizontalebene und zu dem leicht abwärts geneigten Kontur der Vorderfläche der Halswirbelsäule, beziehungsweise der hinteren Rachenwand. Im zweiten hat er sich schon gesenkt, im dritten noch mehr, im vierten und fünften verläuft er fast horizontal, entsprechend dem senkrechten Verlauf des Kniestücks.

Diese Bewegungen des Spatels sind bei der Einstellung von Zäpfchen und Kehldeckel nur auf die dazu notwendige Führung des Schwebehakens zu beziehen. Auch bei der Einstellung der Arygegend verhält es sich noch so. Jetzt sind allerdings die Zahnhaken schon über die oberen Schneidezähne gehoben; auch wurde der Bügel etwas abgespreizt. Von da ab wird die weitere Bewegung des Spatels bis zur Horizontalen (Figur 38 und 39) nur durch die große Drehbewegung des Schwebehakens, die wir bei der Einstellung des Kehlkopfes Seite 44 beschrieben haben, bewirkt. Dabei hebt sich die Spatelspitze, wie wir immer angenommen haben. Nun sehen wirs klar im Röntgenbild. Wir können es sogar messen. In Figur 37 sind es von der Spitze des Spatels bis zur Wirbelsäule $4\frac{1}{2}$ cm, in Figur 38 sind $6\frac{1}{2}$ cm erreicht. Noch stärker ist die Hebung in Figur 39, hier messen wir 8 bis 8,5 cm.

Die Bewegungen des eingeführten Spatelstücks müssen Zunge, Zungenbein und Kehlkopfgerüst mitmachen. Die Verschiebungen der beiden letzteren können wir durch Messungen an unsern Bildern bestimmen. Der Zungenbeinkörper hebt sich gut heraus; auch war der Hinterrand der Schildknorpelplatten durch Verknöcherung hinreichend kenntlich. Die Zahlen sprachen in demselben Sinne wie oben bei der Spatelspitze.

Was die Zunge angeht, so sehen wir sie von der ersten bis fünften Figur zunehmend verdrängt. Der keilförmige Querschnitt des Rinnenspatels bewirkt, daß die Fleischmasse der Zunge in der Mitte ausweicht und seitlich sich sammelt uud aufbäumt. Damit ist die Zweckmäßigkeit unseres Spatels glänzend bewiesen. Mit keinem andern könnte man so bis zum Äußersten in den Zungenkörper eindringen und sich den Blick zum Kehlkopfinnern erzwingen.

Erwähnt sei noch, daß man auch im Röntgenbild erkennt, wie die Pars clausa des Hypopharynx sich öffnet (Figur 38 und 39). Besonders stark tritt dies bei der lingualen Einstellung hervor, was wir ja auch ohne weiteres bei der inneren Betrachtung erkannt haben.

So geben unsere Röntgenbilder nicht nur Anschauung, sondern auch eine gediegene wissenschaftliche Grundlage für das ganze Schwebeverfahren.

VI. Das schwebelaryngoskopische Bild.

Bei der neuen Methode bietet sich das Kehlkopfinnere dem Blick unmittelbar dar. Dies hat etwas Überraschendes und Eigenartiges (vgl. Tafel I, Figur 1). Die einzelnen Teile liegen gleichsam in greifbarer Nähe. Da der Rinnenspatel einen tiefen Kanal in die Zunge drückt, so bäumt sie sich rechts und links vom Spatel stark auf und bildet dicke Wülste. Zwischen diesen Wülsten blicken wir frei hindurch in die Tiefe.

Am vollkommensten ist die Übersicht über das Kehlkopfinnere, wenn man den Kehldeckel mit im Bilde hat (vgl. Tafel I, Figur 4), andernfalls scheidet er vom Spatel gedeckt bis zum Tuberculum aus. Offenbar wird der ganze Kehlkopfeingang in sagittaler Richtung ein wenig in die Länge gezogen. Auch wird die Arygegend und ganze Hinterwand des Larynx etwas von der hinteren Rachenwand abgehoben (vgl. Tafel I, Figur 2 und 3). Besonders weit klafft der Hypopharynx bei Anwendung der lingualen schwebelaryngoskopischen Methode (vgl. Tafel I, Figur 4).

Das Cavum laryngis zeigt das bekannte Relief. Die falschen und wahren Stimmlippen sehen wir in ihrer ganzen Ausdehnung. Bei ruhiger Atmung spannt sich zwischen ihnen die Hinterfläche der Kehlkopfhöhle und wird vom oberen Rande bis in den subglottischen Raum bequem übersehen (vgl. Tafel I, Figur 3). Die Wände dieses Raumes erfaßt ringsherum unser Blick. Von seiner Weite bekommen wir sofort die rechte Vorstellung. In der Tiefe erscheinen Trachealringe. Bei der Einstellung der vorderen Commissur ist der Blick gegen die vordere Trachealwand gerichtet. Die Stimmlippenbewegungen lassen sich sehr schön verfolgen (vgl. Tafel I, Figur 2).

Chiari rühmt die bequeme Zugänglichkeit der Ventrikel. Um in sie hineinsehen zu können, muß man allerdings mit einem Häkchen das Taschenband heben und nach außen verdrängen. *Seiffert* und *Lynch* führten ein Spiegelchen in den subglottischen Raum ein, um die Stimmlippengegend von unten zu betrachten.

Wer von der Vorstellung des laryngoskopischen Spiegelbildes beherrscht ist, muß umdenken, wenn er das Schwebebild vor sich hat. Er sieht die Kehlkopfhöhle direkt und zugleich von rückwärts (dorso-ventral). Es besteht also ein Unterschied zwischen dem Schwebebild und dem gewöhnlichen direkten laryngoskopischen bei dem vor uns sitzenden Patienten, denn bei diesem sehen wir zwar auch alles direkt, aber von vorn her (ventro-dorsal). Die Teile liegen im Schwebebild zwar direkt, aber doch gerade so vor uns, wie im Spiegelbild: Kehldeckel oben, Hinterwand unten. Vielleicht ist dies der Grund, weshalb nicht genügend orientierte Mitbeobachter fragen konnten, „wo ist denn der Spiegel?"

Pathologische Veränderungen treten mit großer Klarheit hervor. Immerhin muß man in der neuen Art sehen lernen, um nicht manches zu übersehen. Wer vorher denselben Kehlkopf im Spiegel vor sich hatte und nun im Schwebebild direkt und von rückwärts, der ist im ersten Augenblick verblüfft. Was vorher im Spiegel zu seiner Linken lag, z. B. die rechte Stimmlippe, erscheint jetzt zu seiner Rechten.

VII. Besondere Arten des Schwebeverfahrens.

Durch das Aufhängen des Kopfes am Schwebehaken kann man sich die Mund-Rachenhöhle ebenso zugänglich machen, wie bei den Operationen der Chirurgen am hängenden Kopf mittelst Mundsperren schon lange geschehen ist. Eine Mundsperre ist ja mit dem Haken in Verbindung und die Zunge wird mittelst des Spatels nach oben gedrängt = Schwebe-Stomato- und -Mesopharyngoskopie. Selbstverständlich muß man zu diesem Zweck einen besonderen, breiten Zungenspatel verwenden. Ich empfehle die Form des *Türkschen* Spatels. Eventuell kann die ganze Sperr- und Spreizvorrichtung weggelassen werden.

Für unsere Zwecke kommt hauptsächlich der harte Gaumen und die Gegend der Tonsillen in Betracht. Um sich eine bestimmte Gaumentonsille zugänglich zu machen, ist es nötig, den Spatel mehr auf die betreffende Zungenhälfte zu setzen, und zwar etwas schräg, bei leicht seitwärts gedrehtem Kopf. Auf diese Weise wird die ganze Tonsille und besonders auch ihr unterer Pol dem Operateur bequem zugänglich (Tafel IV, Figur 18).

Auch eine direkte Epipharyngoskopie ist in Schwebe möglich. Früher haben ja schon *Katzenstein, Lindt* und *Arthur Hartmann* gezeigt, daß man bei starkem Zug mit dem Gaumenhaken Teile des Nasenrachens direkt sehen kann. *Lindt* und *Hartmann* machten die Untersuchung am aufrechten, *Katzenstein* am hängenden Kopf. Ich möchte empfehlen, dazu die Schwebe zu verwenden. Auch halte ich es für besonders vorteilhaft, anstatt des breiten, einen dünnen Gaumenhaken zu gebrauchen. Je dünner der Haken, desto stärker läßt sich das Velum nach vorn ziehen.

In der Regel sieht man wohl nur bis zum unteren Rand der Rachentonsille, die genannten Autoren haben gelegentlich mehr gesehen. Es kamen die Teile bis zur Mitte der Rachentonsille und dementsprechend seitlich zum Vorschein.

Wenn wir in Schwebe diese direkte Untersuchung machen, empfiehlt es sich, die indirekte anzuschließen. Bei vorgezogenem Velum sieht man mit einem großen Spiegel bequem den ganzen Nasenrachen und durch die Choanen die Haupthöhlen der Nase von hinten. Diese Rhinoskopia posterior am hängenden Kopf hat schon 1889 *Dorn* empfohlen (Monatsschr. f. Ohrenheilkunde S. 285). Er versprach sich sehr viel davon. Aus Gründen, die sich weiter unten ergeben

Figur 40.   Figur 41.

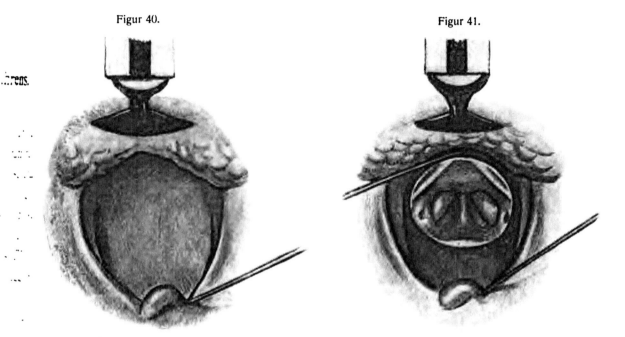

Direkte und indirekte Epipharyngoskopie in Schwebe.

werden, müssen wir jetzt wieder auf das direkte und indirekte Verfahren am hängenden Kopf zurückgreifen.

Die Schwebehypopharyngoskopie.

Wir lassen den Hypopharynx in der Höhe des freien Randes des Kehldeckels beginnen und am unteren Rande der Ringknorpelplatte, wo der Speiseröhrenmund liegt, enden.

Nur der obere Abschnitt dieses Rachenteiles bildet eine klaffende Höhle, in welche der Kehlkopfeingang gleichsam hineinragt. Wir nennen diesen oberen Teil des Hypopharynx deswegen wohl am besten die Pars aperta. Sie endet in der Mitte mit der Arygegend und reicht seitlich in die Sinus piriformes hinunter.

Was vom Hypopharynx unten übrig bleibt, ist geschlossen und verdient Pars clausa genannt zu werden. Fast die ganze Hinterwand des Kehlkopfes und der entsprechende Teil der seitlichen und hinteren Rachenwand umgeben dies Gebiet, das unten durch den stets geschlossenen Ösophagusmund von der Speiseröhre getrennt wird.

Nur beim Schlucken, Würgen und Erbrechen öffnet sich die Pars clausa.

Um die Pars aperta zu überblicken, dazu genügt die Schwebelaryngoskopie als solche. Aber sie öffnet uns auch durch den Zug des Spatels am Kehlkopfeingang bald kürzere, bald längere Strecken der Pars clausa. Man kann dies leicht beobachten (vgl. Tafel I, Figur 2 und 3). Den schönsten Beweis hierfür geben die Röntgenbilder (Figur 38 und 39).

Es ist mir aufgefallen, daß sich die Pars clausa leichter und weiter öffnet, wenn man die linguale Methode der Schwebelaryngoskopie anwendet, als bei der epiglottischen. Manchmal sieht man bis nahe an den Ösophagusmund. So weit wird die Ringknorpelplatte abgehoben. Es ist daher ratsam, bei Veränderungen oder Fremdkörpern im Hypopharynx mit der Spatelspitze vom Zungengrund aus zu hebeln (Figur 39 und Tafel I, Figur 4).

Wahrscheinlich spielt auch die Schwere des schwebenden Kopfes eine gewisse Rolle. Denn je schwerer der Kopf, desto stärker der Druck des Spatels, desto mehr wird der Kehlkopf von der Wirbelsäule abgezogen.

Die Schwebeuntersuchung des Hypopharynx ist nur ein Schritt zu der des Ösophagus. Es handelt sich nur noch darum, dessen tonisch geschlossenen Mund reflektorisch zu öffnen. In meiner Arbeit über den Ösophagusmund habe ich von einem Fall erzählt, in dem man durch Kitzeln der hinteren Rachenwand mit dem Spiegel die Pars clausa des Hypopharynx und den Ösophagusmund reflektorisch und ruckweise zum Klaffen bringen konnte. Dabei sah man tief in die Speiseröhre. Solche Patienten habe ich seitdem noch eine ganze Reihe beobachtet. *Seiffert* ist es gelungen, auf dieselbe Weise während der Schwebelaryngoskopie in die Speiseröhre zu sehen. Ich habe ihm das nachgemacht und kann es nur bestätigen.

Sonst kann man den Tonus des Ösophagusmundes nur durch Dilatation überwinden, entweder durch ein Rohr oder durch die *Seiffertsche* Zange, welche nach der Art des Nasenspeculums konstruiert ist.

Die Schwebetracheoskopie.

Bei der Einstellung der Kehlkopfhöhle gehen wir darauf aus, die vorderen Abschnitte mit einzustellen. Dabei ist unser Blick schräg gegen die vordere Trachealwand gerichtet. Auch unser Spatel hat diese Richtung und der Schwebehaken ist demgemäß gegen uns geneigt.

Wollen wir jetzt zur Betrachtung der Luftröhre übergehen, so müssen wir dem Spatel eine Richtung geben, welche der Achse der Luftröhre entspricht. Dies erreichen wir sehr leicht, wenn wir den Galgen von uns weg, also zurückschrauben, weil dadurch der Schwebehaken aufgerichtet und die Spitze des Spatels mehr gesenkt wird. In dem Maße, in dem wir drehen, kommen immer tiefere Abschnitte der vorderen Trachealwand zum Vorschein. Die ganze Luftröhre erschließt sich allmählich unserm Blick (Tafel II, Figur 5).

Figur 42.

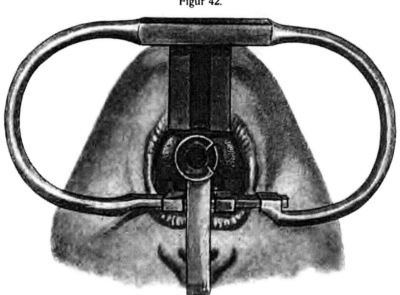

Schwebebronchoskopie.

Handelt es sich von vornherein um diese Art der Schwebetracheoskopie, so wird man, nachdem die Arygegend mit dem Spatel erreicht ist, den Galgen nur soweit herandrehen, als zur Besichtigung der Luftröhre nötig ist.

Ergeben sich im Kehlkopf Hindernisse für einen bequemen Durchblick, so macht es weiter keine Mühe, ein Rohr von passendem Durchmesser durchzuschieben und auf diese Weise die Trachea zu besichtigen.

Die Schwebebronchoskopie bedarf nach dem soeben Gesagten kaum einer besonderen Beschreibung. Handelt es sich doch nur darum, ein entsprechend langes Rohr in den einen oder den andern Hauptbronchus einzuführen. Vorher wird man den ganzen Weg in die Tiefe cocainisieren, was ja bei schwebelaryngoskopisch eingestelltem Kehlkopf und Luftröhre sehr leicht ist. Den Mund muß man mit der Sperre weiter öffnen, damit man zwischen Rinnenspatel und unterer Querstange des Bügels bequemer hindurchkommt. Bis in die Eingänge der Hauptbronchien kann man das bronchoskopische Rohr leicht vorschieben. Dringt man weiter vor, so fühlt man sich bald gehemmt.

Dies kann ja auch nicht anders sein. Das Rohr ruht fest geführt im Rinnenspatel und bekommt damit die feste Lage des ganzen durch die Aufhängung fixierten Schwebehakens.

Zur bronchoskopischen Einstellung tieferer Bronchialgebiete aber braucht man Bewegungen des Kopfes nach der Seite und Auf und Nieder. Deswegen empfiehlt es sich, wenn man einmal in einen Hauptbronchus eingedrungen ist. den Haken einfach auszuhängen und sich nicht weiter um ihn zu kümmern. Fixiert bleibt er doch und kann bei Rohrwechsel weiter dienen. Hat man eine bestimmte Rohrlage als die beste ausfindig gemacht, so kann man versuchen. den Haken an der neuen Stelle im Raum wieder einzuhängen.

Der große Vorteil der Bronchoskopie in Schwebelaryngoskopie besteht darin, daß man keine Schwierigkeiten mit der Einführung des Rohres mehr hat. Auch ist ein wiederholtes Einführen ohne Umstände möglich. Die Schonung des so empfindlichen subglottischen Raumes der kleinen Kinder wird in vollendeter Weise erreicht. Man kann das richtige Rohrkaliber leicht wählen und äußerst schonend durch die subglottische Enge hindurchgehen.

Seitdem ich dies Verfahren in einer Reihe von Fällen erprobt habe, glaube ich, daß ihm die Zukunft gehört.

)emonstrationen mittelst der Schwebelaryngoskopie.

n den Planspiegel der *Kirsteinschen* Lampe während der Untersuchung von oben hineinsieht, kann mitbeobachten. Wir haben den Spiegel

Figur 43.

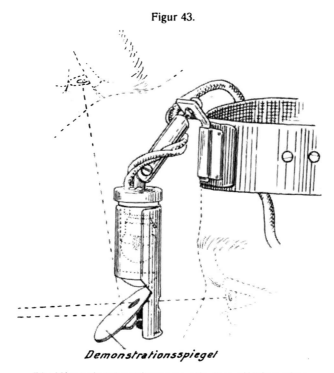

Demonstrationsspiegel

Die Kirsteinsche Stirnlampe mit dem Killianschen
Demonstrationsspiegel.

daher größer machen lassen, damit der Mitbeobachter das Bild des Kehlkopfes leichter findet. Das Loch im Spiegel kam dabei notwendigerweise exzentrisch zu liegen.

Da aber der Reiz der Schwebelaryngoskopie gerade darin besteht, daß wir kein Spiegelbild benützen, sondern die Teile direkt sehen, so ist es notwendig, dem Mitbeobachter dies auch zu ermöglichen. Zu diesem Zweck bringe ich eine *Kirsteinsche* Lampe am horizontalen Arm des Galgens an und stelle sie mittels Stangen und doppelten Kugelgelenken für die Demonstration ein. Die Mitbeobachter treten einzeln heran und sehen durch das Loch des *Kirsteinschen* Spiegels.

Noch bequemer kann man es ihnen machen, wenn man auf die *Kirsteinsche* Lampe verzichtet und anstatt derer eine kleine elektrische Lampe im Munde des Patienten anbringt. Die untere Querstange des Sperrbügels gibt eine bequeme Befestigungsmöglichkeit. Man wählt nach *Marschick* am besten die Höhlung des harten Gaumens zum Aufenthaltsorte der Lampe, weil eine hier befindliche Lichtquelle die Einsicht nicht behindert.

Früher hatte ich kleine Lämpchen am Zungenspatel oder am Kehldeckelheber angebracht und damit Vorzügliches erreicht. Man kann aber sehr wohl auf diese Einrichtung verzichten.

Hat man es mit geübten Mitbeobachtern zu tun, so ist es am einfachsten, ihnen die Stirnlampe auf den Kopf oder in die Hand zu geben.

Für den Beobachter selber ist die Demonstration mittelst Schwebelaryngoskopie eine sehr bequeme Sache. Er ist nach Einstellung des Kehlkopfes nicht weiter in Anspruch genommen. Er kann daneben stehen und sich auf die Erklärung des Befundes beschränken.

Auch der Mitbeobachter hat es außerordentlich leicht. Er findet sich sofort zurecht. Man kann einigermaßen sicher sein, daß er alles richtig sieht. Deswegen eignet sich die Methode ausgezeichnet für den klinischen Unterricht. Unsere Tafelbilder erläutern dies näher. Besonders mache ich auf die Figuren 16 und 17, Tafel IV, aufmerksam: rechtsseitige Rekurrenzlähmung bei Inspiration und Phonation.

IX. Klinische Anwendung des Schwebeverfahrens im Kindesalter.

Trotz ihres kurzen Bestehens hat sich die neue Methode schon ein verhältnismäßig großes Anwendungsgebiet erworben, vor allem im Kindesalter. Hier dient sie uns in der Mundrachenhöhle sowohl wie im Kehlkopf, der Luftröhre und den Bronchien. In meiner Klinik hat sie die direkten Untersuchungen der Kinder in der alten Weise in den genannten Gebieten fast vollständig verdrängt. Wenn wir mit dem Spiegel nicht zum Ziel kommen und doch einmal direkt untersuchen müssen, so greifen wir am besten gleich zum Schwebehaken.

Als Kontraindikation kann nur hochgradige Atemnot gelten. Wenn gar keine Zeit mehr zu versäumen ist, müssen wir selbstverständlich tracheotomieren. Kann aber noch etwas riskiert werden, so wird der Geübte, auf geübte Assistenz gestützt, noch die Einstellung des Kehlkopfes mit dem Schwebespatel versuchen. Manchmal kann ein Fremdkörper eben noch entfernt werden. Oder es gelingt noch, schnell einige Papillome wegzunehmen und so den Weg frei zu machen.

Ist einmal der Larynx eingestellt, so kann man bei Papillomen auch schnell ein Rohr durch die Stimmritze schieben und so für die nötige Luftzufuhr sorgen.

Die Aufgaben, die wir im Kindesalter mit der Schwebemethode allein und mit ihren verschiedenen Modifikationen zu erfüllen haben, sind teils diagnostische, teils therapeutische.

Es wird am besten sein, wenn wir unsere Schilderung schon mit der Mundhöhle beginnen lassen.

In erster Linie kommt die Gaumennaht in Betracht, die ja schon von alters her am hängenden Kopf und mittelst Mundsperre und Zungenhalter ausgeführt wird. Bewaffnet man den Schwebehaken mit einem breiten Zungenspatel, so hat man alle nötigen Hilfsinstrumente beieinander. Man führt den Spatel ein, sperrt den Mund mittelst Bügel, Zahnhaken und Schraube auf und hängt den Schwebehaken am Galgen auf. Damit ist der harte und weiche Gaumen für die Operation dauernd bequem zugänglich gemacht. Die Äthernarkose geschieht unterdessen mit Gebläseapparat und Nélatonkatheter durch die Nase.

Da der ovale Bügel der Mundsperre beim Nähen etwas hinderlich sein kann, habe ich ihm für diesen und ähnliche Eingriffe neuerdings eine besondere Form gegeben und ihn vor allem viel größer gemacht. Seitlich kann er (nach Einfügung von Gelenken) zurückgebogen und dem Gesicht des Kindes angeschmiegt werden. Reicht die Gaumenspalte weit nach vorn und sind die Wände der Spalte sehr steil, so läßt man besser unsere Sperrvorrichtung weg und benützt eine *O'Dwyersche* Mundsperre.

Auch die Tonsillektomie bei Kindern in Narkose wird am besten in Schwebe ausgeführt. *Albrecht* und ich haben den Anfang damit gemacht. *Freudenthal, Hölscher, Seiffert* und andere fanden das Verfahren sehr empfehlenswert.

Wir gehen in der gleichen Weise vor wie soeben bei der Gaumennaht geschildert wurde. Auch hierbei ist der neuere größere Bügel erwünscht. Den Zungenspatel setzen wir etwas seitlich auf, gegen die zu enucleierende Mandel gerichtet. Sekret und Blut werden mittelst eines durch die zweite Nasenseite eingeführten Katheters abgesaugt. Zur Verminderung der Blutung machen wir auch in der Narkose die üblichen Novocain-Adrenalininjektionen.

Wegen der umgekehrten Lagerung der Rachenteile (vgl. Tafel IV, Figur 18) und besonders Gaumenbögen und Tonsillen ist der Anfänger leicht etwas verwirrt. Er muß die ganze Operationsmethode auf diese Situation hin umdenken.

Nachdem man die Tonsille vom vorderen Gaumenbogen so gelöst hat, daß ihre Kapsel zurückblieb, ist es bequemer, anstatt — wie am sitzenden Patienten — den oberen Pol auszulösen, gleich den unteren in Angriff zu nehmen und am oberen zu enden. Mit ein bis zwei Nähten schließe ich die Wunde. Die Fäden müssen nicht allein durch die Ränder der Gaumenbögen, sondern auch streckenweise oberflächlich durch den ganzen Grund der Wunde gezogen sein, um Nachblutungen gänzlich zu vermeiden.

Da Kinder, bei welchen wir infolge besonderer Gründe die Mandeln zu enucleieren haben, häufig auch an Hypertrophie der Rachentonsille leiden, so sind wir vor die Frage gestellt, ob wir die Rachentonsille später in einer besonderen Sitzung oder sogleich in derselben Narkose mit entfernen sollen. Zwei Operationen setzt man nicht gern an für Eingriffe, die man auf einmal erledigen kann. Bedenken bestehen ja nach den tausendfältigen Erfahrungen von Entfernung aller drei Tonsillen mit oder ohne Narkose längst keine mehr. Im Ausland operiert man ja auch schon seit langem am hängenden Kopf. Der Operateur steht allerdings dabei neben dem Patienten und vor ihm, nicht aber hinter seinem Kopf wie bei der Schwebe. Die Rachentonsille wird in England und Amerika auf solche Weise unter Leitung des in den Nasenrachen eingeführten Fingers mit der Kugelzange stückweise beseitigt, kein sehr elegantes Verfahren, aber sicher — es kann nichts aspiriert werden — und weniger blutreich als eine Ringmesseroperation am hängenden Kopf.

Danach schien es mir aussichtsvoll, die Narkose und Schwebe, welche für die Tonsillektomie nötig waren, zur Rachentonsillenoperation mitzuverwenden. Es handelte sich darum, den gewohnten Eingriff hinter dem Kopf stehend oder sitzend umgekehrt zu machen. Von den gewöhnlichen Ringmessern kam nur die *Feinsche* Modifikation des *Beckmannschen* in Betracht, bei der der Griff seitlich abgebogen ist. Ich ging bei dem ersten Kinde von links mit der linken Hand — dazu zwang die Form des Griffes — zwischen Bügel und Mundwinkel ein (der große, neue Bügel war noch nicht fertig), kam bequem ans Rachendach und konnte mit Leichtigkeit gleichsam von unten nach oben oder, besser gesagt, von vorn nach hinten die hypertrophische Rachentonsille abschneiden. Die Stücke wurden mit einer Nasenrachenzange weggenommen,

Das einzige, was störte, war eine reichliche Blutung. Man konnte sie sehr leicht beherrschen, indem man den Nasenrachen mit Gaze austupfte und ausstopfte. Es war auch zu erwarten, daß sie mit Nachlassen der Äthernarkose aufhören würde, was sich in der Tat alsbald bemerklich machte. Eine Nachblutung trat nach baldiger Entfernung des Tampons nicht ein. Also zu befürchten ist nichts.

Immerhin halte ich den Eingriff in puncto Blutung für verbesserungsbedürftig. Ich denke an eine weniger scharfe Art der Abtrennung der Rachentonsille, eventuell mit Kugelzange oder gedeckter Schlinge (nach *Hartmann*), und an die Zuhilfenahme von Adrenalin vor dem Eingriff.

Mit Gaumenhaken und Spiegel könnte man ihn unter Leitung des Auges gerade wie die Tonsillektomie ausführen. So würde aus der brüsken Art, mit der wir heutzutage immer noch operieren, eine elegante, schonende Methode, was ich mir schon seit Jahrzehnten gewünscht habe.

Im offenen und im geschlossenen Teil des Hypopharynx der Kinder gaben hauptsächlich Fremdkörper Anlaß zur Anwendung der Schwebemethode. Als erster entfernte *Davis* bei einem elfmonatigen Kinde eine Sicherheitsnadel, in einem späteren Falle eine Münze. *Thorwald* gelang es, ein Holzstück aus einem Kinderhypopharynx zu extrahieren.

Seiffert mußte bei einem vierzehnjährigen Kinde den geschlossenen Hypopharynx mit einer Kornzange dilatieren, um eine Münze entfernen zu können. In einem zweiten Falle benutzte er eine nach dem Prinzip des *Kramerschen* Speculums neukonstruierte Dilatationszange mit bestem Erfolg. Er hat auch mit der Schwebeösophagoskopie bei Kindern gute Erfahrungen gemacht. Sie gestattete bei einem vierjährigen Kinde die Extraktion eines Zweipfennigstückes und zeigte bei einem dreijährigen, das einen Intubationstubus verschluckt hatte, daß die ganze Speiseröhre frei war. Auch bei einer Verätzungsstriktur (dreijähriges Kind) gab sie willkommene diagnostische Aufschlüsse. Ich selbst habe dieser Tage bei einem fünfvierteljährigen Kind mit Leichtigkeit einen Vorhangring aus der Speiseröhre entfernt, der dort acht Wochen lang gesteckt hatte.

Die eigentliche Schwebelaryngoskopie hat bei Kindern ihr Hauptanwendungsgebiet, weil wir sie hier sowohl zu diagnostischen wie zu therapeutischen Zwecken verwenden müssen.

Von angeborenen Veränderungen nenne ich die am Larynxeingang bei Stridor congenitus, ferner die membranösen Verwachsungen der Stimmlippen. *v. Eicken* hat eine solche Membran in Schwebe gespalten.

Beim erschwerten Dekanülement der Kinder verschafft man sich von oben her am besten mit der Schwebelaryngoskopie Aufschluß. Dabei muß man, um festzustellen, ob die Stimmbänder genügend auseinandergehen und wie es im subglottischen Raum aussieht, die Kanüle entfernen und die Trachealöffnung zuhalten. Bei verengtem subglottischen Raum empfiehlt es sich, ein dünnes Rohr durch diesen zu schieben, damit die Granulationen über der Trachealöffnung zugänglich werden. Mehrfach haben *Weingärtner* und ich sie von oben entfernt. Auch *Seiffert* berichtet über einen solchen Fall.

Bei akuter Heiserkeit der Kinder müssen wir, namentlich wenn die Atmung behindert ist, erwarten, daß mehr als ein einfacher Katarrh vorliegt. Wir fanden in der Tat bald subglottische Schwellungen, bald Diphtheriemembranen im subglottischen Raum. Aus diphtherischen Prozessen in dieser Gegend können narbige Verwachsungen entstehen, wie uns ein Fall von erschwertem Dekanülement gezeigt hat (vgl. Tafel II, Figur 6).

Bei akuter Heiserkeit und Atemnot muß man auch darauf gefaßt sein, einen Fremdkörper anzutreffen. Auf diesem Gebiet hat die Schwebelaryngoskopie schon recht Ersprießliches geleistet. Die meiste Erfahrung dürfte wohl mein Schüler *Weingärtner* an unserm poliklinischen Material gesammelt haben. Sie erstreckt sich bis jetzt auf elf Fälle. Ich selbst habe erst zwei derartige Extraktionen ausgeführt. Von andern Beobachtern nenne ich *Seiffert, Iglaner, Freudenthal, Leegard.*

Zumeist handelte es sich um Knochenstücke (*Weingärtner* 7 Fälle, *Killian* 1 Fall, *Leegard* 1 Fall). Das Alter der Kinder schwankte zwischen einem und drei Jahren. Ein weiteres war fünf, ein anderes acht Jahre alt. Das Knochenstück hatte in einigen Fällen zwei bis vier Stunden, in andern sechs bis acht Tage, in einem zwei Monate lang im Kehlkopf gesteckt. Ein Knöchelchen hatte sich in sagittaler Richtung der Länge nach eingespießt. Drei steckten ausgesprochen im subglottischen Raum. Alle wurden glücklich entfernt.

Von andern Fremdkörpern erwähne ich: einen Glassplitter, eine Kleiderhafte, ein Stück Pflaumenkernschale, eine Haarspange aus Celluloid (*Weingärtner*), eine Gräte (*Freudental*), ein Stück einer Sicherheitsnadel (*Iglauer*), ein Stück Eierschale (*Killian*).

Auch diese sind alle nach kürzerem oder längerem Verweilen im Kehlkopf leicht entfernt worden. Einige unserer Fremdkörperkinder konnten unbedenklich am selben Tage entlassen werden.

Kehlkopftuberkulosen bei Kindern haben wir mit Schwebelaryngoskopie nur in wenigen Fällen beobachtet. *Albrecht* hat zwei davon mitgeteilt. Bei dem einen 13 jährigen gelang es, den Kehlkopf so weit von Granulationen zu befreien, daß die vorher behinderte Atmung wieder frei wurde,

Zur Excision der Schreiknötchen der Stimmlippen bei Kindern eignet sich die Schwebelaryngoskopie ganz besonders. (*Katzenstein, Seiffert, Weingärtner*).

Bei weitem am häufigsten kam bei uns die Schwebelaryngoskopie bei Kehlkopfpapillomen der Kinder zur Anwendung. Schon *Albrecht* hat, als er noch an meiner Klinik tätig war, über eine ganze Reihe von Fällen berichtet. Seitdem aber sind sehr viele dazugekommen, die meist von *Weingärtner*, zum Teil auch von mir bearbeitet wurden. Wir können dem von *Albrecht* Gesagten nicht viel hinzufügen. Die Schwebelaryngoskopie ist die souveräne Methode für die meist rezidivierenden Kinderpapillome. Diagnose und Therapie bewegen sich hier in sicheren Bahnen. Die Laryngofissur ist überflüssig geworden. Häufige Wiederholungen des Schwebeverfahrens sind ohne Bedenken durchführbar. Mit der Zeit kommen auch die hartnäckigsten Fälle zur Heilung. Das jüngste Kind war ein halbes Jahr alt. Vielfach wurde die Tracheotomie vermieden. Schnelles Einstellen des Larynx und Zufassen mit der Kugelzange war von Erfolg gekrönt. Über kritische Augenblicke von Atembehinderung half das durch den Larynx geschobene Rohr hinweg. Einige Fälle mit stark ausgefülltem Kehlkopf mußten schnell tracheotomiert werden, zumeist gleich im Anfang der Äthernarkose. Oft gelang es, den Kehlkopf schon vom Zungengrund aus einzustellen. Dies ist besonders wünschenswert, wenn die Papillome am Kehldeckel sitzen. Zur Excision verwenden wir ausschließlich kleine und große Kugelzangen. Die gefaßten Stücke läßt man sich von der Schwester mittels Gaze von der Zange nehmen oder man schwemmt sie nach *Sturmann* in einem Schälchen mit Kochsalzlösung ab. Man muß oft zufassen. Es dauert daher meist geraume Zeit, bis man den Larynx ganz von Papillomen gereinigt hat. Besonders sorgfältig muß gegen Ende verfahren werden, wenn es gilt, alle Flächen und vor allem, die Ränder der Stimmlippen zu glätten. Mühevoll ist die Arbeit im subglottischen Raum. Auch die Ventrikel müssen abgesucht werden.

Arsen und Jod innerlich haben nur selten nennenswerte Hilfe gebracht. Dagegen scheint nach Erfahrungen der *Chiarischen* Klinik Radium von großem Vorteil zu sein. Wir verfügten in der Charité leider nicht über eine genügende Menge Radium und mußten dort auf die Anwendung dieses Mittels bei Papillomen verzichten.

Erwähnt sei noch, daß auch *Wolff, Kleestadt, Mann, Katzenstein, Seiffert, Ferreri, Uckermann, Lynch* u. A. Günstiges über die Anwendung der Schwebelaryngoskopie bei Larynxpapillomen der Kinder berichtet haben.

Was die Trachea angeht, so geben die Fälle von Kehlkopfpapillomen bei Kindern manchmal Anlaß, bis dahin vorzudringen und dort entstandene Papillome zu entfernen. Solche Kinder gelangen leicht zur Tracheotomie, so daß die tiefere Trachea von der Halsöffnung aus mittelst unterer direkter Tracheoskopie von Papillomen befreit werden kann.

Drei Fremdkörper wurden bis jetzt, soweit mir bekannt, mit Schwebetracheoskopie aus der Luftröhre von Kindern entfernt, ein Wassermelonenkern (*Lynch*), ein Kürbis- und ein Pflaumenkern (*Weingärtner*). Die beiden letzteren hatten dort vier, beziehungsweise drei Tage verweilt.

Die Schwebebronchoskopie hat mir bei Kindern schon recht gute Dienste geleistet, seitdem ich 1913 damit den Anfang machte.

Es handelte sich damals um ein zehnjähriges Mädchen. Dasselbe hatte am 4. Oktober 1913 eine Metallhülse aspiriert, mit der man Stricknadeln sichert. Acht Tage danach zeigte das Röntgenbild den Fremdkörper im rechten Bronchus. Die bronchoskopische Extraktion mit einer in die Höhle der Hülse einzuführenden Dilatationszange gelang mir nicht, weil, wie sich später herausstellte, die Hülse der Länge nach geschlitzt war und bei Druck von innen nach außen sich dehnte, anstatt gefaßt zu werden.

Da die Einführung eines Rohres unter Leitung des Fingers etwas schwierig gewesen war, so wandte ich in der zweiten Sitzung, eine Woche später, die Schwebelaryngoskopie an, stellte mir die Stimmritze ein und führte ein 7 mm weites, genügend langes Rohr in die Tiefe, was sehr leicht gelang. Ich ging dicht an den Fremdkörper heran, säuberte das Gebiet und stellte den Rand der Hülse ein. Diesen konnte ich mit der Krallenzange sicher fassen. So wurde der Fremdkörper mit dem Rohr herausgezogen. Der Verlauf war günstig.

Im Jahre 1914 half mir die Schwebebronchoskopie, bei einem kleinen Kinde ein Knochenstückchen aus dem rechten Hauptbronchus zu entfernen. Auch dieser Fall verlief gut.

Bei einem dritten (1914) handelte es sich um einen Nagel, der vor einem Jahr aspiriert worden war. Die Eltern wußten nichts davon. Es fiel ihnen nur auf, daß das 2¾ jährige Kind dauernd hustete, zeitweise fieberte und sehr herunterkam. Der Nagel fand sich mittelst Schwebebronchoskopie im linken Hauptbronchus und konnte nach Absaugen des reichlichen Sekretes leicht entfernt werden. Hinter dem Nagel quoll eine außerordentlich große Menge von Eiter aus dem Bronchialbaum. Sie war so reichlich, daß das Kind in Erstickungsgefahr geriet. Wir wurden aber durch eifriges Absaugen der Situation Herr. Große Dienste hatte uns in diesem Fall ein neukonstruiertes bronchoskopisches Rohr geleistet, welches zwei Seitenkanälchen besaß. Das eine zum Absaugen der Sekrete, das andere zum Einblasen des Narkoseäthers.

Nach der Extraktion des Nagels verschwand das Fieber rasch. Die schwer geschädigte Lunge aber erholte sich nur langsam (publiziert durch *Weingärtner*, Zeitschrift für Laryngologie usw., Bd. 7, Seite 335).

Zwei weitere Fälle hat *Weingärtner* mit Schwebebronchoskopie behandelt und geheilt. Es handelte sich um ein Kind, das eine Messingschraube, und ein zweites, das eine Bleistifthülse aspiriert hatte. Die Hülse hatte zwei Jahre im linken Stammbronchus eines achtjährigen Knaben gesteckt. Der Fremdkörper war innerhalb der Stimmritze abgeglitten, in den rechten Bronchus geraten und von da entfernt worden. Infolge der andauernd sicheren Einstellung des Larynx war dieser Zwischenfall leicht zu bewältigen.

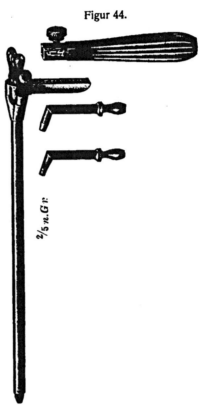

Figur 44.

²/₅ n. Gr.

Mein dreiläufiges bronchoskopisches Kinderrohr.
An das mit Mandrin versehene Hauptrohr ist auf der einen Seite ein feines Absaugeröhrchen, auf der anderen ein Narkoseröhrchen angefügt. Es kann daher kontinuierlich Äther eingeblasen und Sekret abgesaugt werden.

Die Messingschraube hatte bei einem dreijährigen Kinde ebenfalls im linken Bronchus gesteckt. Da sie Röhrenform besaß, konnte das Kind durch sie atmen. Die Extraktion mußte mit ziemlicher Kraft erfolgen.

Von anderen kann ich bis jetzt nur *Lynch* nennen, der eine „Peanut" aus dem Bronchus in Schwebelaryngoskopie entfernt hat.

X. Klinische Anwendung des Schwebeverfahrens beim Erwachsenen.

In Schwebe haben *Jakobsen* und *Hölscher* Nasenrachenfibrome operativ behandelt.

Im Hypopharynx wurde sowohl von *Siebenmann* wie von *Layton* ein Retropharyngealabsceß aufgesucht und gespalten.

Seiffert entfernte mit Schlinge und Zange aus dieser Gegend ein Lipom.

Die Carcinome des Hypopharynx gaben mehrfach Anlaß zur Anwendung der Schwebemethode. Man orientierte sich diagnostisch (*Davis, Seiffert, Wagget*). Ich trug ein gestieltes Carcinom der Vorderwand und eines der Hinterwand mit der galvanokaustischen Schlinge ab (vgl. Tafel IV, Figur 17). In dem *Lynchschen* Falle saß das gestielte Carcinom hinten im Bereiche des Ösophagusmundes.

Über Fremdkörperextraktionen aus dem Hypopharynx berichten *Siebenmann* und *Weingärtner*. Eine Nadel war to tief in die Hinterwand geraten, daß man ihr freies Ende nur vorübergehend aus einem Höcker hervorragen sah. *Weingärtner* mußte zuerst die Schleimhaut spalten, um die Nadel ergreifen zu können.

In Schwebeösophagoskopie drehte *Chamberlain* 1915 eine Sicherheitsnadel, indem er sie mit zwei Zangen faßte, um und extrahierte sie dann.

Die Schwebelaryngoskopie benutzte ich mit bestem Erfolg zur Exstirpation einer Epiglottiscyste, zur Untersuchung nach Kehlkopfschüssen und zur Spaltung von Schußverwachsungen der Stimmlippen. Auch wurde bei einem Verletzten festgestellt, daß ein kleiner Granatsplitter in der Seitenwand des subglottischen Raumes steckte. Eine Fistel führte nach dem Larynxinnern. Sie war von Granulationen umgeben. Der Splitter mußte mittels Laryngofissur entfernt werden.

Zur Behandlung in Schwebelaryngoskopie eignen sich ganz besonders Lupus und Tuberkulose des Kehlkopfes (vgl. Tafel II, Figur 7 und 8). Es handelt sich dabei um die möglichst ausgiebige Anwendung der einfachen und doppelten Curette zum Abtragen des erkrankten Gewebes und um die Applikation des *Grünwaldschen* galvanokaustischen Tiefenstiches. Wir haben wohl alle die Erfahrung gemacht, daß der tuberkulöse Kehlkopf viel mehr aushalten kann, als man ihm früher aus technischen Gründen zumuten durfte.

Die Phthisiker sind im allgemeinen sehr reizbar. Infolge des vielen Hustens hat sich bei ihnen eine Hyperästhesie der Rachen- und Kehlkopfschleimhaut ausgebildet. Husten- und Würgreflexe sind oft aufs äußerste gesteigert. Wir bekämpfen diesen Zustand lokal mit Cocain-Adrenalin und eventuell allgemein mit Morphium. Aber der Anwendung des Cocains ist eine Grenze gesetzt. Diese war oft erreicht, ehe im Kehlkopf unter Leitung des Spiegels viel geschehen konnte. Wir waren genötigt, das Weitere auf eine zweite Sitzung zu versparen, welche erst stattfinden konnte, nachdem die durch den ersten Eingriff bedingte entzündliche Reaktion abgelaufen war. In den meisten Fällen kam es zu häufigen Eingriffen, ehe etwas Bemerkenswertes erreicht war. Die Behandlung zog sich mehr in die Länge, als im Interesse des Patienten lag.

Schon *Siebenmann* und *Mermod* gingen trotz aller Schwierigkeiten darauf aus, in einer Sitzung möglichst energisch zu galvanokauterisieren und hatten danach gute Erfolge.

Die Schwebelaryngoskopie hat uns hier wesentlich vorangeholfen. Wir können über Dauer und Gründlichkeit des Eingriffes verfügen. Man wird zwar Phthisiker dazu nicht narkotisieren, aber man bringt sie durch Scopolamin-Morphium in einen apathischen Zustand, setzt ihre Reflexerregbarkeit wesentlich herab und vermindert auch durch das Scopolamin wesentlich die störende Sekretion. Fügt man noch die lokale Anästhesierung hinzu, so kann man in Schwebelaryngoskopie in aller Ruhe vorgehen und Geschwüre auskratzen, Granulationen und Infiltrate entfernen und den Tiefenstich anwenden. Um nicht angehustet zu werden, ist es ratsam, die von mir angegebene Schutzscheibe zwischen sich und den Mund des Patienten zu bringen. Die Auskratzung kann von Einreibung mit Milchsäure gefolgt sein. Zum Schluß bläst man Jodoform ein.

Die Patienten ertragen in der Regel diese Prozeduren gut. Reaktive Schwellungen werden mit dem *Albrechtschen* Heißluftbad für den Hals bekämpft. Heilung kann selbstverständlich nur dann erfolgen, wenn der Zustand der Lungen und der Allgemeinzustand verhältnismäßig günstig sind. In fortgeschrittenen Stadien des Lungen- und Kehlkopfleidens erreicht man nichts. Ich war oft erstaunt, wenn mir derartige Patienten zur operativen Behandlung zugewiesen wurden. Solche Kranken läßt man doch am besten in Ruhe und begnügt sich mit Einblasungen und Einträufelungen.

Sind noch Aussichten vorhanden, durch Sanatoriumsbehandlung etwas zu erzielen, so empfiehlt es sich für den Laryngologen, schnell die gröbsten Veränderungen im Kehlkopf zu beseitigen und dann den Kranken in eine Heilanstalt zu schicken, in der die Kehlkopfbehandlung mit einfacheren Mitteln fortgeführt werden kann.

Freudenthal hat in Schwebelaryngoskopie den tuberkulösen Kehldeckel amputiert. *Seiffert* konnte in einem Fall durch Excisionen die Tracheotomie umgehen. *Hölscher*, *Chiari* und *Kahler* haben über ihre Erfolge mit der neuen Methode bei Larynxtuberkulose Günstiges berichtet.

Auch das *Sklerom* des Kehlkopfes (vgl. Tafel III, Figur 9) eignet sich im granulösen Stadium für Auskratzungen (*Simoletti*). In meiner Klinik hat neuerdings auf meine Veranlassung *Seiffert* den subglottischen Raum einer Sklerompatientin in Schwebelaryngoskopie ausgekratzt. Zur Nachbehandlung dürften Röntgenbestrahlungen am meisten geeignet sein.

Sängerknötchen wird wohl jeder leicht unter Leitung des Spiegels entfernen. Natürlich kann es auch, wie *Lynch* tat, in Schwebe geschehen (vgl. Tafel III Figur 10).

Ähnlich verhält es sich mit Stimmlippenpolypen (*Hölscher*, *Steiner*, *Chiari* u. a. [Figur 11, Tafel 10]). Obwohl ich dem Spiegel im allgemeinen den Vorzug gebe, war ich doch einmal zur Anwendung der Schwebelaryngoskopie gezwungen. Ein Soldat mit einem Stimmlippenpolypen in der Nähe der vorderen Commissur hatte schon drei Laryngologen vor mir damit genarrt, daß er jedesmal, wenn man dem Polypen mit der Zange nahekam, den Kopf ruckartig bewegte. Auch mir führte er diese Komödie auf. Ich ließ ihn daher in Äthernarkose bringen und entfernte den Polypen leicht in Schwebelaryngoskopie.

Ein Fibrom der rechten Arygegend, das den Kehlkopfeingang verlegte, hat *Sonnenkalb* schwebelaryngoskopisch beseitigt. Ebenso verfuhr *Lynch* in einem ähnlichen Fall.

Auch bei ausgedehnter Pachydermie des Kehlkopfes kann man so verfahren (*Killian*, Arch. f. Laryng. Bd. 26, *Lynch*, l. c.).

Eine große Cyste der aryepiglottischen Falte konnte von *Lynch* herausgeschält und die Wunde sogar vernäht werden.

Wenn beim Erwachsenen zahlreiche Papillome im Kehlkopf zu entfernen sind, kann man sich die Arbeit sehr vereinfachen, wenn man in Schwebelaryngoskopie vorgeht (vgl. Figur 12, 13, 14, Tafel III). In einem besonders schweren Fall — der ganze Kehlkopf, auch im subglottischen Gebiet, saß voll von großen Wucherungen — mußte ich die Narkose anwenden, weil der Patient auf Cocain nicht reagierte. Da war die Schwebelaryngoskopie das gegebene Verfahren und bewährte sich stets, auch bei den Rezidiven glänzend. In einer einzigen Sitzung konnte jeweils alles ausgeräumt werden. Zur Nachbehandlung möchte ich die intralaryngeale Radiumbehandlung (siehe unten) dringend empfehlen.

Von den seltenen Sarkomfällen des Kehlkopfes kam mir 1914 einer in Behandlung, der sich für die neue Methode eignete. Ich versuchte bei dem 39jährigen Patienten, der nichts von einem äußeren Eingriff wissen wollte, wenigstens die vorläufige Entfernung mit Schlinge, Zange und Curette. Da die Blutung gering war, kam ich zu einem sehr befriedigenden Resultat. Die mikroskopische Untersuchung (*Orth*) ergab ein Fibrosarkom. Was aus dem Kranken später geworden ist, weiß ich nicht. Es war unmittelbar vor dem Krieg.

Eine besondere Rolle scheint das Schwebeverfahren bei den kleinen Larynxcarcinomen spielen zu sollen, wie sie so häufig an den Stimmlippen vorkommen und auch von dort schon von *Juracz, B. Fraenkel* u. A. mit Doppelcuretten zum dauernden Heil des Patienten entfernt wurden. *Lynch* hat in solchen Fällen schwebelaryngoskopisch noch mehr erreicht. Er behauptet, mit Messer und Schere bis zum Perichondrium vorgedrungen zu sein. Der Patient sei 10 Monate später noch ohne Rezidiv gewesen. Das will viel heißen. Mich wundert, daß keine bedenkliche Blutung eingetreten ist. Bei derartigen von außen ausgeführten Operationen pflegt es fast in jedem Falle aus den hinteren Abschnitten der Stimmlippe reichlich zu bluten, so daß man umstechen muß. Wenn man vorher — wie ich das neuerdings tue — intralaryngeale submucöse Novocain-Adrenalin-Injektionen gemacht hat, vermeidet man diesen Übelstand leicht.

Es unterliegt keinem Zweifel, daß im schwebelaryngoskopisch eingestellten Larynx mit beiden Händen arbeitend mehr gewagt werden darf wie früher, Man soll sich jedoch eine strenge Grenze ziehen und, was die Stimmlippen angeht, nur Carcinömchen am Rande des mittleren Abschnittes exstirpieren. So gut wie nach Kehlkopfspaltung von außen übersieht man die Ausdehnung einer intralaryngealen bösartigen Geschwulst doch nicht und kann daher auch nicht so sicher weit im Gesunden arbeiten.

Verhältnismäßig günstig verhalten sich kleine Kehldeckelcarcinome. Von *E. Meyer* (New York) wird über einen solchen Eingriff berichtet.

Zur Radiumbehandlung größerer Kehlkopfcarcinome habe ich die intralaryngeale Radiumbestrahlung in Schwebelaryngoskopie versucht. Die Patienten konnten bis anderthalb Stunden stillhalten. Es wurden aber nur vorübergehende Besserungen erzielt. Es ist immerhin eine bemerkenswerte Leistung, wenn ein Patient so lange in Schwebe aushält. Allzuoft mag man ihm das nicht zumuten. Da aber nur nach zahlreichen Bestrahlungsstunden Erfolge eintreten können, so habe ich mir einen anderen schonenderen intralaryngealen

Bestrahlungsmodus ausgebildet und wende diesen hauptsächlich zur Nach-behandlung nach Papillom- und kleineren Ca-Operationen an.

Das Mesothoriumkölbchen wird an einem langen, leicht biegsamen Draht durch die Nase in den Rachen und von da unter Leitung des Spiegels in den gut cocainisierten Kehlkopf geschoben. Danach kann der Patient den Mund schließen. Den entsprechend abgebogenen Draht befestige ich mit Heftpflastern auf der Stirn. Mit einiger Übung halten die Patienten eine solche Sitzung zwei Stunden aus. Sie hat das Gute, daß sie beliebig oft wiederholt werden kann. Die angewandte Mesothoriummenge betrug 50 Milligramm. Bei größeren Mengen wird man mehr erzielen. Auch die äußere Bestrahlung kann mithelfen.

Die Schwebelaryngoskopie macht innere Röntgenbestrahlungen des Kehl-kopfes möglich (*Seiffert*). Ich habe in der Regel äußere angewandt.

Durch die Kriegsjahre ist die Weiterentwickelung der Schwebelaryngoskopie bei uns entschieden gehemmt worden. Was im Ausland vorging, wissen wir bis jetzt in Deutschland nur ungenügend. Vielleicht ist da und dort etwas Neues und Wertvolles hinzugekommen. Das wird sich erst zeigen, wenn wir wieder Gelegenheit haben, die ganze Weltliteratur seit 1914 durchzustöbern.

Immerhin dürfte meine Darstellung ein ziemlich getreues Bild des Ver-fahrens in seinem jetzigen ausgereiften Zustand und in seiner klinischen An-wendungsweise geben.

Alles in allem können wir sagen, daß die Schwebelaryngoskopie mit ihren Modifikationen, trotz der kurzen Zeit ihres Bestehens, einen wesentlichen Fort-schritt unseres diagnostischen und therapeutischen Könnens gebracht hat.

Literatur.

Alberti, Schwebelaryngoskopie. Berl. klin. Wochenschr. 1914, S. 719.

W. Albrecht, Schwebelaryngoskopie bei Kindern. Ges. d. Charitéärzte. Sitzung vom 2. Mai 1912. Berl. klin. Wochenschr. 1. Juni 1912, Jahrg. 49, Nr. 27, S. 1295,96. Eine Modifikation der Schwebelaryngoskopie. Aus der Universitätspoliklinik für Hals- und Nasenkranke zu Berlin. Berl. klin. Wochenschr. 8. Juli 1912, Jahrg. 49, Nr. 28, S. 1331/32. Ein neuer Spatel zur Schwebelaryngoskopie. Berl. klin. Wochenschr. 1912, Nr. 44. Semons intern. Zbl. f. Laryng. Januar 1913, Jahrg. 29, Nr. 1, S. 5. Die Bedeutung der Schwebelaryngoskopie für das Kindesalter. Arch. f. Laryng. 1914. XXVIII, S. 1, 1914. Die Gegendruck-Autoskopie mit Seitenstützen. XXI. Tagung des Vereins Deutscher Laryngologen in Kiel 1914.

Blegvad, Monatsschr. f. Ohrenheilkunde 1918, S. 213.

Blumenfeld, Blutstillung im Kehlkopf durch Klammernaht. Zeitschr. f. Laryng. 1912, IV, S. 389.

Brieger demonstriert gemeinsam mit *Miodowski* und *Seiffert* die Schwebelaryngoskopie. Diskussion. Medizin. Sektion der Schles. Gesellschaft f. vaterl. Kultur zu Breslau. Klin. Abend im Allerheiligenhospital v. 8. November 1912, 20. Januar 1913, Jahrg. 50, Nr. 6, S. 133. Schwebelaryngoskopie. Ref. Med. Kl. 1912, Nr. 50. Semons Int. Zbl. f. Laryng. März 1913, Jahrg. 29, Nr. 3, S. 114. Verh. d. Ver. Deutsch. Laryng. 1913, S. 142.

Chamberlain, W. B. Laryng., Januar 1915.

Chavanne, Monatsschr. für Ohrenheilkunde 1915, S. 128.

Chiari, Verh. d. intern. med. Kongr. in London 1913, T. II, S. 39.

L. D. Davis, Beobachtungen über Schwebelaryngoskopie nebst Bemerkungen über einige Fälle (Observations on suspension laryngoskopy with the notes of a few casses). Ref. Br. med. j. 18. Januar 1913. Semons Intern. Zbl. f. Laryng. April 1913. Jahrg. 29. Nr. 4, S. 188.

Davis, Intern. Zbl. f. Laryng. 1915, S. 233.

v. Eicken, Arch. für Ohrenheilkunde, Bd. 101, S. 233.

Ferreri, Intern. Zbl. f. Laryng. 1915, S. 306.

Freudenthal, Suspension Laryngoscopy with Demonstration of method. Transact. of Am. Laryng. rhin. a. otol. Soc. 1913, S. 131. Personalobservation with Suspens. Laryngoscopy, Med. Rec. 22. Februar 1913. Über die Schwebelaryngoskopie, Arch. f. Laryng. XXVII, S. 459; Verh. d. intern. med. Kongr. London 1913, S. 39.

Friedberg, Illinois med. journ. 1916, September.

Froning, Die Schwebelaryngoskopie, Allg. ärztl. Verein z. Köln, Münch. med. Wochenschr. 1913, S. 1742.

Gerber und *Fritz Henke,* Die Untersuchungsmethode der Luftwege nach dem Stande der heutigen Wissenschaft inklusive der Schwebelaryngoskopie. Ver. f. wissensch. Heilkunde. Königsberg i. Pr. Offizielles Protokoll, 13. Juni 1913. D. med. Wochenschr. 27. März 1913, Jahrg. 39, Nr. 13, S. 626.

Henrich, Beitrag zur Klinik der direkten Untersuchungsmethoden. Münch. Med. Wochenschr. 1913, Nr. 48.

Heymann, Verh. d. Ges. d. Charitéärzte 1912, XIII, 10, 50.

Hölscher, Erfahrungen mit der Schwebelaryngoskopie. Ges. d. Charitéärzte, Sitzung vom 2. Mai 1912, Berl. klin. Wochenschr., 1. Juli 1912, Jahrg. 49, Nr. 27, S. 1294/95. Über klinische Erfahrungen mit der *Killianschen* Schwebelaryngoskopie. Ref. Med. Korr. Bl. d. Württ. ärztl. Landesvereins 1912, Nr. 24. Semons intern. Zbl. f. Laryng. September 1912, Jahrg. 28, Nr. 9, S. 483; Verh. d. Ver. D. Lar. 1913, S. 144. Württemberg. Correspondenzblatt 1914, Nr. 30.

Hopmann, Münch. med. Wochenschr. 1913, S. 1743.

W. Howarth, Ein Hakenspatel zur Schwebelaryngoskopie (A hok spatula for suspension laryngoscopy), Lanc. 19. Juli 1913. Semons Intern. Zbl. f. Laryng. November 1913, Jahrg. 29, Nr. 11, S. 550.

Jacobsen, Dän. Laryngol. Gesellschaft, 101. Sitzung, 1. Dezember 1915.

Samuel Iglauer, Fremdkörper in Larynx und Trachea mittels der Schwebelaryngoskopie entfernt. (Foreign body in larynx and trachea removed by the aid of suspension laryngoscope.) The laryngoscope. Juni 1913. Semons intern. Zbl. f. Laryng. Dezember 1913, Jahrg. 29, Nr. 12, S. 601, und 1915, S. 209.

Louis G. Kämpfer, Schwebelaryngoskopie (Suspension Laryngoskopy) NY. med. j. 4. Januar 1913, Semons intern. Zbl. f. Laryng. Juni 1913, Jahrg. 29, Nr. 6, S. 285.

Otto Kahler, Die Schwebelaryngoskopie nach Killian. D. med. Wochenschr. 1913, Nr. 3. Die chirurgische intra- und extralaryngeale Behandlung der Kehlkopftuberkulose. Ref. geh. a. d. 85. Naturf.-Vers. in Wien. S. 1275. Monatsschr. f. Ohrenheilkunde 1913, Jahrg. 47, X, S. 1269—1283.

Katzenstein, Verh. d. Ver. D. Laryng. 1913, S. 143.

Gustav Killian, Die Schwebelaryngoskopie. Eine Modifikation des direkten Verfahrens. Verh. d. III. intern. Laryngo-Rhinol. Kongreß Berlin, 30. August bis 2. September 1911. Verh. T. II, S. 112; Über Schwebelaryngoskopie. Berl. klin. Wochenschr. 1912, Nr. 13. Semons Intern. Tbl. f. Laryng. Januar 1913, Jahrg. 29, Nr. 1, S. 5; Zur Schwebelaryngoskopie. Ges. d. Charitéärzt. Sitzung vom 2. Mai 1912, Berl. klin. Wochenschr. 1. Juli 1912, Jahrg. 49, Nr. 27, S. 1293/94; Die Schwebelaryngoskopie, Sonderabdr. a. d. Arch. f. Laryng. Berlin 1912, XXVI, H. 2. Zur Schwebelaryngoskopie. Berl. klin. Wochenschr. 1912, Nr. 27, S. 1293. Semons intern. Zbl. f. Laryng. 1913, Jahrg. 29, Nr. 1, S. 5. Der Schwebehaken in seiner neuesten Form. Verh. d. Ver. D. Laryng. 1913, S. 25. Demonstration der Schwebelaryngoskopie. Verh. d. Intern. med. Kongr. London 1913, T. II, S. 11. Über Schwebebronchoskopie, Berl. klin. Wochenschr. 1913. Naturforscher-Vers. Wien 1913, Berl. Laryng. Gesellsch. 1913, 17. Oktober, 12. Dezember; 1914, 17. Juli. 1914 Journal of Laryngologie. 1915 in Peroral endoscopy and laryngeal surgery von *Chevallier-Jackson,* Abschnitt über Schwebelaryngoskopie. Berl. Laryng. Gesellsch. 1918, 21. Juni. Berl. klin. Wochenschr. 1918, S. 941.

Klestadt, Berl. klin. Wochenschr. 1913, Nr. 3, S. 133.

Lautenschläger, Berl. klin. Wochenschr. 1913, S. 448.

Layton, Lancet 1913, 13. September.]

Leegard, Nordisk tidskr. for oto-rhino-lar. 1916, I.

Levy, Journal of Laryng., November 1914.

Lynch, Rob. Cl. Journal of Laryng. Juni 1914. Am. lar. rhin. otol. Soc., Juni 1915. Am. lar. Assoc. Juni 1915.

Mann, Ver. d. Verb. Deutsch. Laryng. 1913, S. 144.

Marschik, Ver. Deutsch. Laryng. Kiel, 1914.

E. Mayer, hat in Schwebe ein Epiglottis-Ca. mit Glück entfernt. Arch. f. Laryng., XXVII, H. 3, S. 592.

Pollatschek, Direkte Kehlkopfoperationen. Orvosi. helitap., 1912, Nr. 49.

Safranek, Verh. d. Ges. Deutsch. Naturf. u. Ärzte, Wien 1913, II. S. 809.

Seiffert, Die Killiansche Schwebelaryngoskopie und ihre erweiterte Anwendung. Zeitsch. f. Laryng., Oktober 1913, VI, H. 4.

Siebenmann, Vers. d. Ver. Deutsch. Laryng. 1914, S. 323.

Siegel-Krönig, Der Dämmerschlaf in der Geburtshilfe mit konstanten Scopolaminlösungen. Münch. medizin. Wochensch. 1913.

Simoleki, Arch. d. Verh. poln.-med. Ges. i. d. Jahren 1911/12. Monatsschr. f. Ohrenheilkunde 1913, Jahrg. 47, H. 7, S. 989.

Sonnenkalb, Die Röntgendiagnostik des Nasen- und Ohrenarztes, Jena 1914.

Steiner, Über Schwebelaryngoskopie. Prag. medizin. Wochenschr. 1913, Nr. 28; Verh. d. Naturf.-Vers. Wien 1913, II, S. 808.

Storath, Münch. medizin. Wochenschr. 1913, S. 325.

Straub, Über Zersetzung und Konservierung von Scopolaminlösungen. Münch. medizin. Wochenschr. 1913, Nr. 41.

Thornwall, Dänische oto-laryng. Gesellsch. 1916, 4. Oktober.

Uckermnan, oto-laryng. Verein, Kristiania 1914, 9. Februar.

Wagget, Monatsschr. f. Ohrenheilkunde 1914, S. 843.

Weingärtner, Zeitsch. f. Laryng. 1914, VII, S. 333, 1916; Berl. Laryng. Gesellsch. 1917, 23. Juni, 1917, 27. April.

J. H. Wolff, Vorführung eines von ihm modifizierten Apparates zur Ausübung der Schwebelaryngoskopie. Laryng. Gesellsch. z. Berlin. Sitzung v. 19. April 1912; Berl. klin. Wochenschr., 10. Juni 1912, Jahrg. 49, Nr. 24, S. 1151.

Erklärung der Tafelfiguren.

Tafel I.

Figur 1: Schwebelaryngoskopisches Bild bei ruhiger Atmung. Der Kehlkopf ist mittelst der epiglottischen Methode eingestellt.

Figur 2: Dieselbe Methode. Phonationsstellung der Stimmlippen.

Figur 3: Dieselbe Methode. Blick auf die Hinterfläche der Kehlkopfhöhle.

Figur 4: Einstellung des Kehlkopfes mittelst der lingualen Methode. Man sieht den Kehldeckel frei.

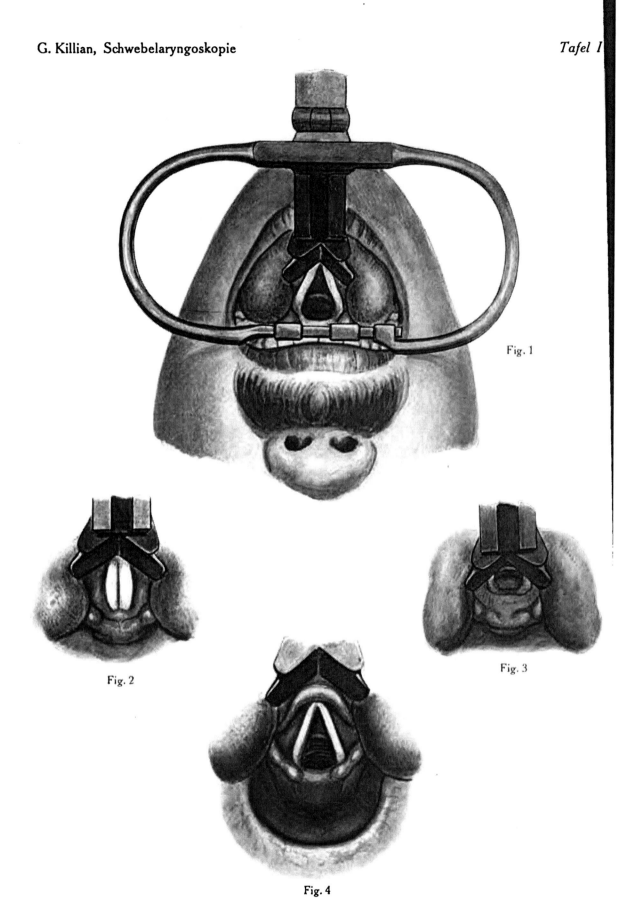

Fig. 1

Fig. 2

Fig. 3

Fig. 4

VERLAG VON URBAN & SCHWARZENBERG, BERLIN-WIEN

Tafel II.

Figur 5: Schwebetracheoskopisches Bild. Man sieht die Bifurkation und die Eingänge in die Hauptbronchien.

Figur 6: Subglottische Stenose und strangförmige Verwachsung bei einem Kind nach Kehlkopfdiphtherie.

Figur 7: Ein Fall von Kehlkopftuberkulose im schwebelaryngoskopischen Bild.

Figur 8: Ausgedehnter Lupus des Kehlkopfeinganges.

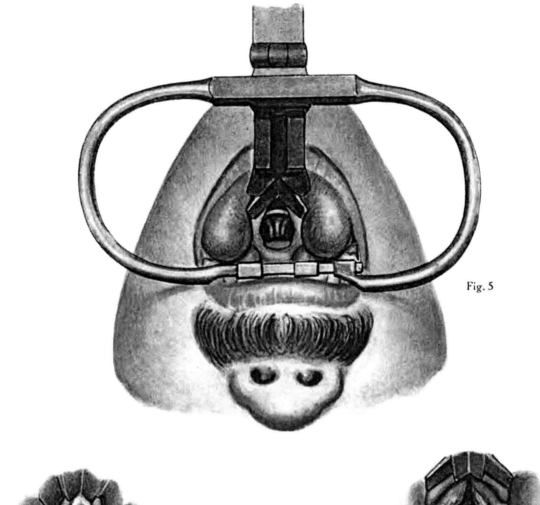

Fig. 5

Fig. 6

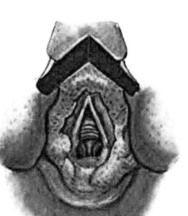
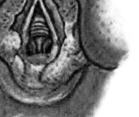

Fig. 8

Fig. 7

VERLAG VON URBAN & SCHWARZENBERG, BERLIN-WIEN

Tafel III.

Figur 9. Skleromwucherung an der Vorderwand des subglottischen
Raumes.

Figur 10: Stimmlippenknötchen.

Figur 11: Ein Polyp der rechten Stimmlippe.

Figur 12, 13, 14: Kehlkopfpapillome.

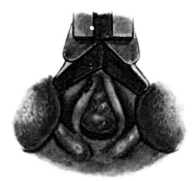

Fig. 9

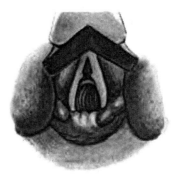

Fig. 10

Fig. 11

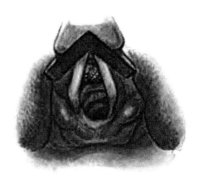

Fig. 12

Fig. 13

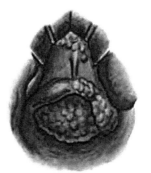

Fig. 14

VERLAG VON URBAN & SCHWARZENBERG, BERLIN-WIEN

Tafel IV.

Figur 15 und 16: Eine rechtsseitige Rekurrenslähmung im schwebe-laryngoskopischen Bild, Fig. 15 bei der Inspiration, Fig. 16 bei der Phonation. Auch der linke Musculus vocalis ist gelähmt.

Figur 17: Gestieltes Carcinom des linken Sinus piriformis.

Figur 18: Einstellung der rechten Tonsille in Schwebe unter Be-nutzung eines breiten Zungenspatels.

Fig. 15

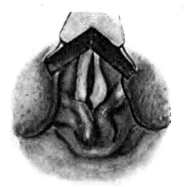

Fig. 16

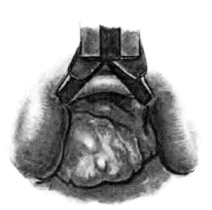

Fig. 17

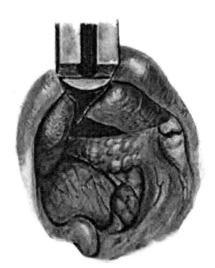

Fig. 18

VERLAG VON URBAN & SCHWARZENBERG, BERLIN-WIEN

CPSIA information can be obtained at www.ICGtesting.com
Printed in the USA
BVOW04s0909170715

409148BV00031B/13/P